茨城県のお宝——文化財を観る

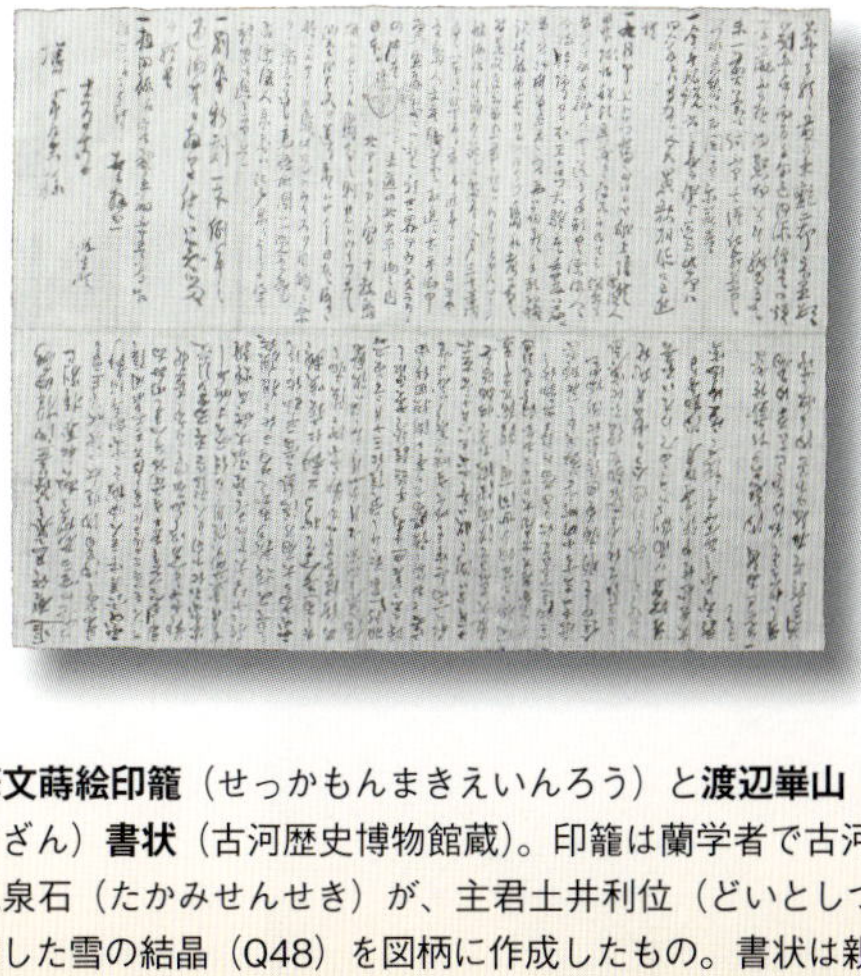

雪華文蒔絵印籠（せっかもんまきえいんろう）と**渡辺崋山**（わたなべかざん）**書状**（古河歴史博物館蔵）。印籠は蘭学者で古河藩家老鷹見泉石（たかみせんせき）が、主君土井利位（どいとしつら）の研究した雪の結晶（Q48）を図柄に作成したもの。書状は親好の深かった渡辺崋山からの書状。ともに、文書、絵図、書籍類、絵画などからなる鷹見泉石関係資料の1つ。国指定重要文化財。

武者塚（むしゃづか）**古墳出土品と石室**（土浦市上坂田。上高津貝塚ふるさと歴史のひろば提供）。上から“美豆良（みずら）残欠”、“銀帯状金具・銀装圭頭大刀・銅装三累環頭大刀・鉄柄銅杓”と“石室”。古代成人男性特有の髪型「美豆良」が結われたままの状態で出土（Q57）。出土品は国指定重要文化財。

常陸国分尼（ひたちこくぶんに）**寺跡**（石岡市若松。石岡市教育委員会提供）。国府が置かれ、古代から長く常陸の中枢であった石岡市に位置。奈良時代に聖武天皇が諸国に建立させた国分尼寺は、各地で位置すらはっきりしないことがあるが、当遺跡では中門・金堂・講堂などの礎石や基壇が良好に残り、全国的にも貴重。往時の伽藍配置のわかる史跡公園として開放されている。国指定史跡。

鹿島神宮本殿・拝殿・幣殿・石の間（右）**と直刀 黒漆平文太刀拵（附刀唐櫃1合）**（ちょくとう くろうるしひょうもんたちこしらえ〈つけたりかたなからひついちごう〉。鹿嶋市宮中。鹿島神宮蔵）。古代から尊崇を集めた鹿島神宮（Q16・Q19）の社殿で、4棟からなる江戸初期複合社殿の代表的な建築（国指定重要文化財）。徳川秀忠寄進で、幕府の大棟梁鈴木長次の手による。直刀は現存日本最大（刃長約223、総長約270センチ）で、遅くとも10世紀前半までの制作（国宝）。

短刀 銘筑州住行弘 観応元年八月日（たんとう めいちくしゅうのじゅうゆきひろ かんのうがんねんはちがつひ。土浦市立博物館蔵）。江戸期に200年近く土浦を治めていた土屋家が収集の刀剣で、83口（ふり・く）の土浦市立博物館所蔵品の1口。南北朝期の短刀で、刀身は国宝。

旧弘道館（こうどうかん）**正門**（水戸市三の丸）。水戸藩9代藩主徳川斉昭（Q49）設立の藩校。正門とともに政庁・至善堂が国指定重要文化財。

旧茨城県立土浦中学校本館（土浦市真鍋。茨城県立土浦第一高等学校進修同窓会提供）。明治37年（1904）の建築で、尖塔や正面玄関の三連アーチなどが印象的なゴシック様式を基調とした校舎。明治期洋風木造校舎が完全に近い姿で、また後身の土浦一高校内に現存する点の価値が高い。昭和49年（1974）、玄関屋根裏から棟札が発見され、駒杵勤治設計、石井権蔵施工と判明した。国指定重要文化財。

旧茨城県立太田中学校講堂（常陸太田市栄町。茨城県立太田第一高等学校提供）。明治37年（1904）建築。演壇漆喰飾りなど意匠も価値の高い講堂で、後身の太田一高に現存。施工は梅津会館（同市郷土資料館本館。旧太田町役場）などを手がけた山口子之松。設計者駒杵勤治は山形県新庄出身で、新庄藩戸沢家が前領多賀郡松岡（高萩市）で、現地から召し抱えた駒木根（杵）一族出身とみられる。国指定重要文化財。

歴史新書

もっと知りたい
茨城県の歴史

監修
小和田哲男
Owada Tetsuo

洋泉社

はじめに

小和田哲男

茨城県は、かつての常陸国《ひたちのくに》全域と、下総《しもうさ》国の北西部から成っている。『常陸国風土《ふど》記《き》』は現存する五つの風土記のうちの一つとして有名であり、その前史を物語る古墳《こふん》も多く存在する。古代末期、この地域には多数の武士団が登場し、八田《はった》氏や真壁《まかべ》氏などの世に知られた武士が誕生している。南北朝期、南朝の北畠親房《きたばたけちかふさ》が小田《おだ》城で『神皇正統《じんのうしょうとう》記《き》』を書いたことはよく知られている。

中世武士といえば、武田《たけだ》氏の発祥地が常陸だったことについてはあまり知られていないのではなかろうか。どうしても、「甲斐《かい》の武田」というイメージがあり、甲斐にも武田という地名があるので、そこに結びつけられがちである。しかし、近年の研究によって、源義家《みなもとのよしいえ》の弟新羅三郎義光《しんらさぶろうよしみつ》の長男義業《よしなり》が常陸国佐竹《さたけ》郷に居住して佐竹氏の祖となり、三男義清《よしきよ》が同じく常陸国武田郷（現在、ひたちなか市武田）に居住して武田氏の祖となったとされているのである。

近世では、何といっても徳川御三家《ごさんけ》の一つ水戸《みと》藩である。徳川家康の十一男頼房《よりふさ》を初代とし、幕末まで存続し、日本の歴史に大きく影響を与えたことは周知のとおりである。なかでも、「水戸黄門《こうもん》」の名で親しまれている徳川光圀《みつくに》はエピソードも多い。その水戸藩から生まれたのが水戸学である。水戸学とはどういうものなのか、それと明治維新《めいじいしん》とはどうかかわるのかなど、興味は尽きない。

また、幕末から近現代にかけても茨城県は話題豊富である。そうした茨城県の歴史を、第一章 茨城県の史跡篇、第二章 茨城県の信仰篇、第三章 茨城県の事件篇、第四章 茨城県の人物篇、第五章 茨城県の文化・生活篇の五つに分け、それぞれQ＆A形式で掘り下げたものが本書である。たとえば、史跡篇で古河公方《こがくぼう》の古河公方館にふれているが、古河には古河城跡も史跡となっており、公方館とのちがいがわかりにくい。本書では、室町時代、下総および常陸の武士たちによって支えられていた古河公方についてもふれ、「もっと知りたい」という要望に応えている。

自分の興味・関心のあるところから読んでもらえるところがミソで、概説的な通史とは一味ちがうつくりになっている。茨城県の歴史の奥深さを味わってほしい。

もっと知りたい
茨城県の歴史

目次

第1章

茨城県の史跡篇

古墳・城郭・陣屋など

第2章

茨城県の信仰篇

神社・仏閣など

第3章

茨城県の事件篇

合戦・事件など

第4章

茨城県の人物篇

出身とゆかりの人たち

第5章

茨城県の文化・生活篇

いばらき文化遺産

第1章

茨城県の史跡篇

古墳・城郭・陣屋など

第1章 史跡への招待

将門、源平、南北朝争乱の舞台

首都圏新都市鉄道つくばエクスプレス（TX）が平成十七年（二〇〇五）に開業したことで、都心方面から鉄路、茨城県に入る方法は多様化したが、従来どおりのJR常磐線で茨城県に入っていくと、まず最初にたどり着くのは取手《とりで》の地だ。

「とりで」……とは、砦《とりで》。戦国時代の砦ともいわれるが、その地名はもっと古くからあり、平将門《たいらのまさかど》の砦に由来するという説もあり、定かではない。

だが、ともかくもその玄関口がすでに砦であるという点が、この県域の古くからの歴史を象徴している。県名となった「茨城」の地名ですら、八世紀に成立した『常陸《ひたちの》国風土記《くにふどき》』によれば、ヤマト王権から派遣された将軍が先住の人びとを討つのに、先住民の穴の住まいに茨棘《うばら》を入れて封鎖したとか、戦いのさいに茨《うばら》で城をつくったのがその由来だというのだから、数々の戦いがここで行われたことは確かなようだ。

そして『常陸国風土記』は、古代、そのようにして蝦夷《えみし》攻略の拠点として成立した常陸国を「古《いにしえ》の人、常世《とこよ》の国といへるは蓋《けだ》し疑うらくは此の地《くに》ならむか」と絶賛する。とくに県南の常総台地は、地は平坦、水運に恵まれ、気候も温暖で暮らしやすい。

暮らしやすければ人も多く、そこにドラマが生じる。各地に源氏《げんじ》が蟠踞《ばんきょ》し、平氏《へいし》が根を張る。将門しかり、源頼朝《みなもとのよりとも》を支えた坂東武者しかり。北畠親房《きたばたけちかふさ》が吉野《よしの》（奈良県南部）の南朝から常陸に派遣されたことで、南北朝の戦いは激化し、古河公方《こがくぼう》の出現はこの地を関東の中心にした。県南の河川と県北の地下資源は、それぞれ近世と近代において産業遺産を残したし、江戸幕府御三家の一つ水戸《みと》徳川家は、幕末において危険思想と化した「尊王《そんのう》」の総本山になる。

つくばエクスプレスでは守谷《もりや》市から茨城県に入る。じつは、現在のつくば市で開かれた国際科学技術博覧会（つくば科学万博）が開通を後押しした高速道路、常磐《じょうばん》自動車道も、守谷市が茨城県の玄関口の役割を果たす。常磐道もTXも守谷の後、平成十八年に新しく市となったつくばみらい市を通って茨城の中深くに入っていく。これから人びとはこの県にどのような歴史を書かせるのだろう。

Q1 葦間山古墳（筑西市）に眠るのは初代新治国造・比奈良珠命なのか？

『常陸国風土記《ひたちのくにふどき》』には、「古《いにしえ》は相模《さがむ》（神奈川県）の国足柄《あしがら》の岳坂《やまさか》より東《ひむがし》の諸《もろもろ》の県《あがた》は惣《す》べて我姫《あづま》の国と称《い》ひき。是《こ》の当時《とき》、常陸と言はず。唯、新治《にいはり》、筑波《つくば》、茨城《うばらき》、那賀《なか》、久慈《くじ》、多珂《たか》の国と称ひて、各《おのおの》、造別《みやつこわけ》を遣《や》りて検校《かと》らしめき」とあり、七世紀半ばから国郡《こくぐん》制で整備される以前の常陸には、国造《くにのみやつこ》が支配する国が六つあったことを伝えている。

葦間山《あしまやま》古墳（筑西《ちくせい》市徳持《とくもち》）は、前方部《ぜんぽうぶ》が畑地となって突端の原形は失われ、後円《こうえん》部には針葉樹が茂る今では不完全な前方後円墳だが、削られた部分をも含めた復元長は一四一メートルある巨大古墳。本格的な発掘調査が行われていないため、築造時期も四世紀末から六世紀前半までと、幅広い時期にわたってさまざまに推定されている。

葦間山古墳は、新治国の領域にある。『常陸国風土記』に、蝦夷《えみし》討伐のためヤマト王権（崇神《すじん》朝）から比奈良珠命《ひならすのみこと》が国造として遣わされ、「この人罷《まか》り到《いた》りてすなはち新しき井《い》を穿《ほ》りしに、その水浄《きよ》く流れき。すなはち井を治《は》りしを以て」……と、「新治」の国名の由来がある。新治国は、後の新治郡と真壁《まかべ》郡の領域を合わせたもので、北は「平成の大合併」までの岩瀬《いわせ》町（桜川《さくらがわ》市）、東は笠間《かさま》市、南は真壁町（桜川市）、明野《あけの》町（筑西市）、西は下館《しもだて》市・関城《せきじょう》町（筑西市）、下妻《しもつま》市を含む領域だったと推定される。県西部の涸沼《ひぬま》川上流一帯から桜《さくら》川上流および小貝《こかい》川の流域一帯の地だ。

葦間山古墳はこの新治国の領域で最大の古墳であるため、被葬者は新治国造、つまり比奈良珠命の一族の首長とみられている。四世紀、東国に浸透したヤマト勢力は、在地勢力を従えつつ各拠点ごとに首長を統合し、「国」を形成した。

『常陸国風土記』では比奈良珠命はヤマト王権が派遣した人物になっているが、そうではないだろう。「新たに井戸を掘る」＝「開墾する」ことを古代、「ハる」といったが、いずれも主要河川沿いの台地上に前方後円墳を築くことをヤマト王権によって承認された在地の盟主勢力（国造家）の一つであり、彼らは大化《たいか》の改新《かいしん》後の国郡制における常陸国十一郡（新治、真壁、筑波、河内《かわち》、信太《しだ》、茨城、行方《なめがた》、香島《かしま》、那賀、久慈、多珂）においても、多くが郡司《ぐんじ》として在地支配に携わることになる。

Q2 県内最大の舟塚山古墳(石岡市)は「茨城国造の墓」なのか?

霞《かすみ》ヶ浦《うら》に注ぐ恋瀬《こいせ》川河口の台地上にある舟塚山《ふなつかやま》古墳(石岡《いしおか》市北根本《きたねもと》)は、全長一八六メートル。これは関東地方では天神山《てんじんやま》古墳(群馬県太田《おおた》市)に次ぐ第二位、茨城県内では最大規模の前方後円墳《ぜんぽうこうえんふん》で、五世紀中頃の築造と推定されている。

今は墳丘部を残すのみで周囲は一面の畑地となっているが、周濠の幅を加えると全長は二六〇メートル余となる巨大古墳である。この舟塚山古墳を中心に、府中愛宕山《ふちゅうあたごやま》古墳などの前方後円墳四基、円墳十八基、方墳一基で舟塚山古墳群を形成する。

現在の霞ヶ浦は古代においては湖沼が多く土地を浸す大水郷地帯、「香取《かとり》の海」と呼ばれた巨大な入海で、そこでの生活は操船がつきものであり、太平洋沿岸の各地とは活発な交流があった。このルートを通じて四世紀から畿内《きない》で巨大化したヤマト王権が勢力を浸透。やがて常陸の地域は、王権配下の〝最果ての東国〟に組み入れられた。

それが五世紀半ばごろまでに『常陸国風土記《ひたちのくにふどき》』によれば、新治《にいはり》、筑波《つくば》、茨城《うばらき》、那《な》賀《か》、久慈《くじ》、多珂《たか》の六か国となった。

そのうち茨城国は、涸沼《ひぬま》川中流域および恋瀬川、園部《そのべ》川の流域一帯と、霞ヶ浦沿岸の地。そこを支配した茨城国造《くにのみやつこ》は『国造本紀《こくぞうほんぎ》』によると、「天津彦根命孫《あまつひこねのみことのまご》」の「筑紫《つくし》刀禰《とね》」だった。舟塚山古墳の被葬者はその一族と考えられる。彼ら一族は代々国造《くにのみやつこ》の職を世襲し、壬生連《みぶのむらじ》氏を称するようになる。『常陸国風土記』行方《なめがた》郡条にある、白雉《はくち》四年（六五三）に中央政府に請願し茨城郡から八里を割いて行方郡を新設したという「茨城の国造小乙下《しょうおつのしもつしな》壬生連麿《まろ》」などはその一族、筑紫刀禰の子孫に違いない。

茨城郷は、奈良朝のころからその名が見える郷名で、平安期の漢和辞書・百科事典『倭名類聚抄《わみょうるいじゅしょう》』に記された常陸国茨城郡にあった十八郷の一つ。この郷には常陸国府《こくふ》や常陸国分《こくぶん》寺・国分尼《こくぶんに》寺、茨城郡衙《ぐんが》、茨城郡寺などが置かれ、古代の常陸国における政治、経済、文化の中心地だった。〝最果ての東国〟常陸はまた、ヤマト王権（朝廷）が次に征服せんとする蝦夷《えみし》の地への前進基地としても重要な場所——。

その国衙は、舟塚山古墳の北西約三・五キロのところにあった。

Q3 常陸那賀郡の女性が井戸端会議をした「曝井」は現在のどこか？

『常陸国風土記《ひたちのくにふどき》』那賀郡《なか》条に、「郡《こほり》より東北《ひむがしきた》のかた粟河《あわかわ》を渡《わた》りて駅家《うまや》を置けり」「其《そこ》より南に当《あた》りて泉《いずみ》坂の中に出《い》づ。多《さは》に流れて尤《いと》清く、曝井《さらしい》と謂《い》ふ。泉に縁《よ》りて居《す》める村《む》落《ら》の婦女《おみな》、夏の月に会集《つど》ひて布を浣《あら》ひ、曝《さら》し乾《ほ》す」と書かれてある。

また『万葉集《まんようしゅう》』巻九には、「三栗《みつぐり》の中《なか》（那賀）に向へる曝井の絶えず通《かよ》はむ彼所《そこ》に妻もが」という、高橋連虫麻呂《たかはしのむらじむしまろ》が詠んだとされる歌が収録されている。

女たちが集まる洗濯の場「曝井」は、つまりは古代の井戸端会議の場であり、同時に男女の逢い引きの場でもあったのだ。

『常陸国風土記』のいう「粟河」とは古代における那珂《なか》川の別称で、那須《なす》岳（栃木・福島県）を水源とするこの川が、現在の常陸大宮《ひたちおおみや》市で平野に出て、その後は阿波《あわ》郷（東茨城郡城里《しろさと》町）に沿って流れてきたためにそう呼ばれた。現在の水戸《みと》市渡里《わたり》町に駅家があり、那珂郡衙《ぐんが》もあった。今の石岡市《いしおか》にあった常陸国国府《こくふ》から陸奥国《むつ》へと向かう公用の旅人は、その駅家で舟に乗り換えて那珂川を渡り、対岸に上陸し、水戸市上《かみ》河内《がち》町の河内《かわち》駅家で馬に乗り換えたのだった。

多くの人びとが行き交った那賀郡の中心地にあった曝井は、水戸市文京一丁目と愛《あ》宕《たご》町との境あたりに「滝坂」「曝台」という地名を遺すところがあり、その滝坂の中ほどの道の東側の泉がそうだといわれる。当地には万葉の歌を刻んだ碑も立っているが、小岩井の湧水（水戸市渡里《わたり》町）や、現在水戸市の簡易水道の水源になっている場所（水戸市田谷《たや》町）周辺にあてる説などもある。

曝井の碑のすぐ南が、全長一三六・五メートルと水戸市内最大、那珂川流域でも最大規模の前方後円墳、愛宕山《あたごやま》古墳だ。六世紀初頭の築造と推定されるこの古墳は、那《な》珂国造《かのくにのみやつこ》の初祖である建借間命《たけかしまのみこと》の墓と伝えられる。

そうした地域を流れた那珂川は、一五キロほど下った河口付近でさらに涸沼《ひぬま》川を合わせ太平洋に注ぐが、そこがかつての那賀郡と香島《かしま》郡との境界であり「阿多可奈湖《あたかなのみなと》」と呼ばれていた。現在でもそこはひたちなか市と大洗《おおあらい》町の境をなしている。

Q4 信玄ら甲斐武田氏の発祥地はひたちなか市だった?

関東地方に源氏《げんじ》の勢力が扶植されるのは、万寿《まんじゅ》四年(一〇二七)に房総全域を押さえる乱を起こした平忠常《たいらのただつね》を、常陸介源頼信《ひたちのすけみなもとよりのぶ》が征討したあたりに端緒がある。頼信の孫である〝八幡太郎《はちまんたろう》〟義家《よしいえ》が坂東武士たちを率いて前九年《ぜんくねん》(一〇五一～六二)と後三年《ごさん》(一〇八三～八七)の両役《りょうえき》を戦い、その絆を強くすると、その子義国《よしくに》の系譜から今の栃木・群馬地域に足利氏《あしかが》(下野足利荘《しもつけ》)と新田氏《にった》(上野新田荘《こうずけ》)が派生する。

そして義家の弟である〝新羅三郎《しんらさぶろう》〟義光《よしみつ》も常陸介《ひたちのすけ》となった。「常陸源氏」の祖だ。

そこにもう一つの坂東武者の流れが合流する。平将門《まさかど》の乱は従兄《いとこ》の平貞盛《さだもり》らによって平定されたが、貞盛は甥の維幹《これもと》を養子とし、常陸の所領を引き継がせた。維幹は常陸大掾《だいじょう》に任じられ、以後この家が常陸大掾職をほぼ世襲。常陸国筑波《つくば》郡を本拠とし、職名を家名とし大掾氏を称した。この大掾氏を惣領家とするのが「常陸平氏」だ。

久慈《くじ》川流域に領地拡張を目論む源義光は、長男義業《よしなり》を久慈郡佐竹《さたけ》郷（常陸太田市《ひたちおおたし》）に土着させ、那賀《なか》郡吉田《よしだ》郷（水戸《みと》市本吉田《もとよしだ》）の「常陸平氏」である大掾一族の吉田清幹《きよもと》の娘を娶らせ縁戚関係を結んだ。生まれた子の昌義《まさよし》が佐竹氏の祖となる。そして三男義清《よしきよ》（義業の弟）とその子清光を吉田氏の本拠吉田郷に隣接する那賀《なか》郡武田《たけだ》郷（ひたちなか市武田）に配置した。義清は〝刑部三郎《ぎょうぶさぶろう》〟を称し、郷名をとって「武田冠者《かじゃ》」と呼ばれた。ここに武田氏が誕生する。

源氏と大掾氏との間には案の定の領地争いが生じ、義清・清光父子は常陸国司《こくし》に訴えられる。翌年、義清・清光父子は甲斐《かい》国市河荘《いちかわ》（山梨県市川三郷《いちかわみさと》町など甲府《こうふ》盆地底部あたり）に配流《はいる》となった。常陸における源平対立の結果だが、ただし、義清にとっては曽祖父頼信、祖父頼義《よりよし》、父義光の三代がいずれも甲斐守《かいのかみ》に任ぜられたという密接な土地柄であり、新たに甲斐に土着し「甲斐源氏」武田氏となっていく。その十八代目が武田晴信《はるのぶ》、有名な信玄《しんげん》ということになる。ひたちなか市武田には「ふるさと創生事業」で整備された武田氏《うじ》館が建っている。那珂川畔の台地突端にあったという伝承にもとづき中世武士の生活を再現したものだ。

Q5 北畠親房が『神皇正統記』を記した「小田城」(つくば市)とは?

源頼朝《みなもとのよりとも》は治承《じしょう》四年(一一八〇)の富士《ふじ》川の戦いで平氏《へいし》に勝った直後、軍を返し常陸《ひたち》に出撃。同じ源氏《げんじ》ながら参陣しない佐竹《さたけ》氏を金砂《かなさ》城(常陸太田《ひたちおおた》市上宮河内《かみみやかわうち》)に討ち、その常陸奥《おく》郡の所領を没収、下野国《しもつけのくに》の宇都宮《うつのみや》支族の出の八田知家《はったともいえ》を常陸国守護《しゅご》とした。

父の代に真壁《まかべ》郡八田(筑西《ちくせい》市八田)に進出した八田知家は陸奥《むつ》国小田《おだ》郡(宮城県遠田《とおだ》郡)にも所領を得た。やがて常陸平氏嫡流の大掾《だいじょう》(多気《たけ》)義幹《よしもと》を謀略で追い落としたが、その大掾氏の筑波《つくば》郡の所領には、知家から数えて四代目、「小田」を名字とした時知《ときとも》のころ入部。その地に小田城(つくば市小田)を築き居城とした。

南北朝の動乱がはじまると、守護《しゅご》の佐竹氏とそれを庇護する足利《あしかが》氏と対立していた小田氏は南朝方の東国戦略の礎石と位置づけられ、延元《えんげん》三年(暦応《りゃくおう》元年、一三三八)、下向した南朝の思想的支柱、北畠親房《きたばたけちかふさ》が小田城に入った。

小田在城中に親房は、『神皇正統記《じんのうしょうとうき》』を著す。それには奥州白河《おうしゅうしらかわ》の結城親朝《ゆうきちかとも》らの東国武士を南朝方に引き付けようとの意図があったが、兵力糾合ははかどらなかった。結局、北朝方高師冬《こうのもろふゆ》の攻勢の前に興国二年《こうこく》(暦応四年、一三四一)、小田氏七代治久《はるひさ》は力尽き、降伏。北畠親房は小田城を脱出し関城《せき》(筑西市関館《せきたて》)に入るが、二年後に関城と大宝城《だいほう》(下妻市大宝《しもつま》)が陥落。親房は南朝の拠点吉野《よしの》(奈良県南部)に帰り、常陸の南北朝動乱は終息する。

小田氏八代孝朝《たかとも》は佐竹義篤《よしあつ》の娘を妻としたため、佐竹氏の介在もあって足利幕府への奉公が許されたが常陸守護に返り咲くことはなく、十五代氏治《うじはる》の天正年間《てんしょう》(一五七三～九二)のころ、佐竹氏に攻められ小田氏は滅亡。佐竹統治下に置かれた小田城だが、慶長《けいちょう》七年(一六〇二)の佐竹氏の秋田移封と同時に廃城となった。

宝鏡山《ほうきょうざん》(小田山)の南西麓に、四百年続いた小田城の大規模な遺構(国史跡)がある。平成九年(一九九七)度から発掘調査と復元整備が継続的に行われ、戦国期の曲輪《くるわ》や堀が再び姿を見せているが、城内を廃線となった筑波鉄道の線路跡が貫いており、この地上を往来した古今の人物たちの営みが感じ取れる遺跡となっている。

Q6 結城合戦で落城後も繁栄した結城城（結城市）と城下の姿とは？

結城《ゆうき》氏は源平《げんぺい》争乱のころ、下野国大掾《しもつけのくにだいじょう》小山政光《おやままさみつ》の子朝光《ともみつ》が、源頼朝《みなもとのよりとも》の乳母《めのと》だった実母の縁故で頼朝に臣従し、結城郡の地頭《じとう》に任ぜられて「結城」を名乗ったことにはじまる。結城城（結城市結城）は南北朝期以降、この結城氏が築城したようだ。

永享《えいきょう》十一年（一四三九）、関東管領上杉憲実《かんとうかんれいうえすぎのりざね》軍とそれを掩護する京の幕府軍に敗死した鎌倉公方足利持氏《かまくらくぼうあしかがもちうじ》遺児、安王《やすおう》と春王《はるおう》が挙兵。結城氏朝《うじとも》が彼らを結城城に迎え入れたことで、翌年、〝結城合戦〟が勃発する。幕府・上杉憲実方に不満を持つ関東各家の庶子筋も結城城に結集し、それに対し幕府・上杉軍十万余が結城城を包囲。戦いは一年余に及んだが、嘉吉《かきつ》元年（一四四一）四月に、結城氏朝とその子持朝《もちとも》が自刃。結城氏も断絶し、安王と春王も捕らえられ、殺された。だが安王らの弟で、助命され鎌倉公方となった足利成氏《しげうじ》が宝徳《ほうとく》元年（一四四九）、結城氏朝の遺児成朝《しげとも》を取り立て、結城氏は再興する。古河公方足利氏や小田原北条《おだわらほうじょう》氏と結び、佐竹《さたけ》氏と対峙した十六代政勝《まさかつ》が弘治《こうじ》二年（一五五六）に制定した分国法に『結城氏新法度《しんはっと》』がある。これからは宿《しゅく》、西宮《にしのみや》、三橋《みつはし》、大谷瀬《おおやぜ》、玉岡《たまおか》、人手《ひとで》の六町で城下が構成されていたことが分かる。

天正《てんしょう》十八年（一五九〇）、豊臣秀吉の小田原攻めがはじまると、十七代晴朝《はるとも》は羽柴《はしば》秀康《ひでやす》を養子に迎え当主とした。徳川家康の子（次男）であり、秀吉の子（養子＝人質）でもある秀康に家を渡すことで北関東の雄としての結城氏の存続をはかったのだった。

結城秀康は、城下を拡張。「御朱印堀《ごしゅいんぼり》」と呼ばれる空堀の内側は地子《じし》（税）免除の町人町となる。ただ、秀康は、関《せき》ヶ原《はら》の戦い時に宇都宮《うつのみや》で上杉景勝《かげかつ》軍を抑えた〝戦功〟で、慶長《けいちょう》六年（一六〇一）、越前《えちぜん》（福井県）北庄《きたのしょう》六十七万石に移封された。大坂の豊臣秀頼《ひでより》の義兄でもある秀康を恐れた家康が、雪国に封じ込めた措置だったが、隠居の結城晴朝も秀康とともに縁もない越前に移り……結城氏が結城から去った。

天領《てんりょう》となった結城の城は破却されたが、元禄《げんろく》十三年（一七〇〇）に水野勝長《みずのかつなが》が能登《のと》西《にし》谷《やち》から入って結城藩主となると、旧城跡に城を築くことが許された。すでに「御朱印堀」外に新たな十一町ができていて、水野氏の時代が十代続き、結城は明治を迎えた。

Q7 中世関東の中心、古河公方が拠点とした古河（古河市）とは？

鎌倉《かまくら》幕府と建武《けんむ》新政府をその軍事力で瓦解に導いた足利尊氏《あしかがたかうじ》は、まず弟の直義《ただよし》、次いで嫡子義詮《よしあきら》、さらにその弟の基氏《もとうじ》を鎌倉に派遣、関東をおさえる役目を課した。基氏の子孫がこの鎌倉府の支配者として君臨。はじめそれを関東管領《かんとうかんれい》と呼び、執事上杉《うえすぎ》氏が補佐したが、やがて京都の室町幕府に準じ鎌倉公方《くぼう》（関東公方）、上杉氏の職を関東管領と呼ぶようになった。ところが、幕府の出先機関として関東を統制するはずの代々の鎌倉公方は、常に将軍職への野望を隠そうともせず、隙あらば西の幕府に反旗を翻《ひるがえ》そうとした。そのことが十五世紀の関東を乱す要因となった。基氏の曾孫である四代鎌倉公方足利持氏《もちうじ》が、京の幕府への反乱、永享《えいきょう》の乱（一四三八）を起こして関東管領上杉憲実《のりざね》と幕府軍に滅ぼされて後、十年は鎌倉公方不在だった。その後、幕府が鎌倉府を再興し、持氏の子成氏《しげうじ》を鎌倉公方に就けるが、享徳《きょうとく》三年（一四五四）、成氏は管領上杉憲忠《のりただ》を鎌倉に招いて誅殺。翌年、幕府が成氏を討とうとすると、成氏は下総《しもうさ》の古河《こが》（古河市）に御所を移した。以降、成氏の家は「古河公方」と呼ばれる。

なぜ古河だったのかは、この地が常陸《ひたち》、武蔵《むさし》、上野《こうずけ》、下野《しもつけ》の接触点であり、関東の中心に位置したのが第一の理由。利根《とね》川と渡良瀬《わたらせ》川の水運を使える利点もあった。

古河城（古河市古河）は源頼朝《みなもとのよりとも》の御家人《ごけにん》だった下河辺行平《しもこうべゆきひら》が渡良瀬川の川際に築いたと伝えられるが、南北朝のころ、北畠親房《きたばたけちかふさ》の入った小田《おだ》城（つくば市小田）を攻める高師冬《こうのもろふゆ》が拠ったあたりから史上の記録に現われる。江戸時代の軍記物『関八州古戦録《かんはっしゅうこせんろく》』には、康暦《こうりゃく》二年（一三八〇）、上杉憲栄《のりよし》の目代《もくだい》下河辺朝行《ともゆき》が城主であり、小山義政《おやまよしまさ》と鎌倉公方足利氏満《うじみつ》（成氏の曾祖父）がこの城の争奪戦を演じたと書かれてある。

下河辺荘は公方御領所《ごりょうしょ》（直轄地）で、支援してくれる豪族も周辺には多かった。足利成氏は動座当初は古河城の別館として鴻巣《こうのす》御所（古河市鴻巣）を築いて居館としたが、やがて古河城を修復して移り住んだという。

ともかく争乱の〝台風の目〟だった公方が移った古河は関東の政治の中心となった。

室町幕府は、将軍義教《よしのり》の子であり義政の弟（庶兄説も）足利政知《まさとも》を新鎌倉公方として下向させるが戦乱の関東に入れず、伊豆《いず》（静岡県）の堀越《ほりごえ》に留まって「堀越公方」と呼ばれた。古河公方は成氏の後、結城《ゆうき》氏ら北関東の豪族に支持され、五代続く。南関東の勢力をまとめた関東管領上杉氏や小田原北条氏《おだわらほうじょう》とは基本的に敵対関係にあった。

天文《てんぶん》十五年（一五四六）四月の河越夜戦《かわごえやせん》で北条氏康《うじやす》に敗れた四代古河公方晴氏は、北条氏の圧力のため、北条氏綱《うじつな》娘を母とする幼少の次男義氏《よしうじ》に家督を譲渡。義氏は北条氏勢力圏の下総葛西城《しもうさかさい》（東京都葛飾区《かつしか》）などを居所とする。天文二十三年、晴氏が古河城で反北条の兵を挙げると、北条氏康は同年古河城を攻略し晴氏を相模波多野《さがみはだの》（神奈川県秦野市《はだの》）に幽閉、古河城は北条支配下となった。さらに永禄元年《えいろく》（一五五八）には、古河公方宿老の簗田《やなだ》氏が古河に入って晴氏の長男藤氏《ふじうじ》（母は簗田高助《たかすけ》の娘）を擁したが、永禄五年、北条氏が奪還。このほかにも関東の中心・古河をめぐり争奪戦が繰り返された。ただ永禄十二年に締結された越相《えっそう》（越後《えちご》上杉・相模北条）同盟まで、関東管領を引き継いだ上杉謙信《けんしん》は藤氏を古河公方とし、義氏を承認しなかったことなど、このころには古河公方は対立する北条と上杉のそれぞれの傀儡でしかなく、関東の政治の中心は、公方家内部の同族争いも激しく、空虚なものと化していた。

足利義氏が、五代百二十年余継承された古河公方の最後となる。戦国末期の天正《てんしょう》十一年（一五八三）、四十三歳で死去、嫡男梅千代王《うめちよおう》が早世したため古河には娘の氏姫《うじひめ》がわずかな側近とともに在城した。しかし、天正十八年の小田原攻めの際、鴻巣御所に豊臣秀吉が氏姫を移し、古河城は破却された。

徳川家康が関東に入ると、古河には小笠原秀政《おがさわらひでまさ》が信濃松本《しなのまつもと》（長野県松本市）から入り城を修復拡張する。その後は、奥平《おくだいら》氏、堀田《ほった》氏、本多《ほんだ》氏、土井《どい》氏と徳川譜代《ふだい》で幕閣重職にある十一家が藩主を務めた。秀吉同様に徳川家も名家が好きで、氏姫は古河公方家から分離して小弓《おゆみ》城（千葉《ちば》市中央区）に拠った「小弓公方」足利義明《よしあき》の孫国朝《くにとも》と結婚し、その血筋は喜連川《きつれがわ》藩（栃木県さくら市）として存続した。明治七年（一八七四）、古河城は取り壊され、明治四十三年からの渡良瀬川河川改修で主要部は痕跡をとどめないが、土塁が残る諏訪曲輪《すわくるわ》跡（古河市中央町）に古河歴史博物館が建つ。「古河公方館」とも呼ばれる鴻巣御所は、現在の古河総合公園内、御所沼に突き出した台地に三つの郭が確認されている。主郭は「公方様の森」と呼ばれる雑木林となっており、御所隣の徳源院《とくげんいん》跡には義氏や氏姫の墓所が残る。

Q8 四百年存続し今も残る? 中世の平城・真壁城(桜川市)とは?

県北西部に位置した真壁《まかべ》郡は、東に筑波《つくば》山系を抱き、西に桜《さくら》川と小貝《こかい》川、鬼怒《きぬ》川が流れ、『常陸国風土記《ひたちのくにふどき》』記載の白壁《しらかべ》郡が延暦《えんりゃく》年間（七八二〜八〇六）に真壁郡と改称されたといわれる。現在の桜川《さくらがわ》市真壁町真壁や同古城《ふるしろ》地区などに真壁城跡がある。

一帯は古代の郡衙《ぐんが》の所在地で、平安末期の承安《しょうあん》二年（一一七二）、常陸平氏《ひたちへいし》一族の大掾《だいじょう》（多気《たけ》）直幹《なおもと》の四男長幹《たけもと》が城を築き、以後、地名の真壁氏を称した。

南北朝の争乱期、真壁重幹《しげもと》は小田《おだ》城（つくば市小田）の北畠親房《きたばたけちかふさ》に呼応、南朝方となったが、一族間に南北両朝への分裂もあり、惣領家《そうりょうけ》は北朝方に転向し乱世を乗り切った。

応永《おうえい》三十年（一四二三）、真壁秀幹《ひでもと》は真壁郡内八郷を室町幕府将軍足利義持《よしもち》から安堵され、鎌倉公方《かまくらくぼう》足利持氏《もちうじ》に抵抗していた小栗満重《おぐりみつしげ》の援助を命ぜられた。そのため持氏に攻められ、所領を持氏に没収されてしまう。その後、秀幹の甥朝幹《ともまと》が持氏に赦免され、真壁氏は再興。天正《てんしょう》十二年（一五八四）に真壁氏幹《うじもと》が北条氏直《ほうじょううじなお》と戦っているが、このころまでに真壁氏は佐竹《さたけ》氏の被官《ひかん》（配下）となったようだ。

真壁城下には家臣団居住地の内宿《うちしゅく》、町人居住地の大宿《おおしゅく》、他に新宿《しんしゅく》や中町《なかまち》も成立し、常陸でも屈指の都市となっていた。小田原《おだわら》攻め後も豊臣秀吉が佐竹義宣《よしのぶ》に常陸国五十四万石余を安堵。配下の真壁氏も真壁・筑波《つくば》郡に知行されたが、関ヶ原《せきはら》の戦いでは徳川家康の出陣要請に従わず、佐竹氏は慶長《けいちょう》七年（一六〇二）に常陸から出羽《でわ》国（秋田県）仙北《せんぼく》・秋田郡二十万石余に移され、真壁氏も随行し出羽角館《かくのだて》（秋田県仙北市）に移されている。慶長十一年、真壁・筑波両郡に隠居料五万石を与えられた浅野長政《あさのながまさ》が真壁城に入り、慶長十六年に長政が没すると、三男長重《ながしげ》が下野真岡《しもつけもおか》（栃木県真岡市）から移り真壁藩が成立する。ただ元和《げんな》八年（一六二二）に長重が笠間《かさま》（笠間市）に移ると、真壁は浅野領のまま城は廃城となった。

真壁城跡東端は笠間藩の真壁陣屋《じんや》が置かれた場所で、現在は鹿島《かしま》神社がある。本丸跡には桜川市真壁農業者トレーニングセンター（体育館）が建つが、平成六年（一九九四）に国指定史跡となり、土塁の復元も行われ、一部往時の姿を甦らせている。

Q9 関東郡代・伊奈忠治がつくった小貝川三大堰とは？

茨城県にはかつて伊奈《いな》町があった。平成十八年（二〇〇六）三月に谷和原《やわら》村と合併し、つくばみらい市となっている。埼玉県には今も伊奈町がある。埼玉の伊奈町は昭和十八年（一九四三）に小針《こばり》村と小室《こむろ》村が合併して伊奈村となったのがスタートで、茨城の伊奈町はそれから遅れること十一年、昭和二十九年に三島《みしま》村・谷井田《やいた》村・豊《とよ》村・小張《おばり》村が合併して、やはり伊奈村となっている。

埼玉のほうは小室に屋敷を構えた伊奈忠次《ただつぐ》から、茨城のほうは同地域の新田開発に功あった伊奈忠治《ただはる》から取ったネーミング。音読みすれば同じ「ちゅうじ」で混同されやすいが、二人は親子だ。事務能力に優れた民政家的官僚といえる。

徳川家康の江戸入り後、忠次は関東代官頭《かんとうだいかんがしら》となり、茨城県域では慶長《けいちょう》七年（一六〇二）、佐竹《さたけ》氏が転封された直後に検地を行い、半士半農で土着していた佐竹旧臣たちを農民とし、兵農分離を促進。さらに慶長十五年には千波《せんば》湖（水戸《みと》市）の水を引き、水戸城（水戸市三の丸）の南の村々の用水にする伊奈堀（備前《びぜん》堀）を開削した。忠次の受領《ずりょう》名が備前守であり、「備前堀」と名の付く灌漑施設は、関東各地に残っている。

忠次を近世伊奈家初代とすれば、忠治は三代となる。兄忠政《ただまさ》が忠次の死後跡を継いだが早世し、忠治が繰り上がったのだ。忠治は新田開発が盛んになった寛永《かんえい》期（一六二四～四四）に活躍。利根《とね》川を銚子《ちょうし》方面（千葉県銚子市）に付け替える東遷工事をはじめ、今のつくばみらい市付近で一つになっていた小貝《こかい》川と鬼怒《きぬ》川を寛永六年に分流。流れを安定させて「谷原《やわら》」と呼ばれていた湿地帯の干拓を可能にし、川筋が一定した小貝川に寛永七年に岡堰《おかぜき》（取手《とりで》市岡）を設けた。忠治の死後だが、忠治が築造した山田沼《やまだぬま》堰を改設した福岡《ふくおか》堰（つくばみらい市北山付近）が享保《きょうほう》七年（一七二二）に、さらに豊田《とよだ》堰（龍ケ崎《りゅうさき》市・取手市）が天保十年（一八三九）に築かれ、農業用水確保や水害防止に貢献、徳川氏の収入を倍にしたといわれる。「谷原三万石」や「岡堰二万石」と称される広い美田地帯を小貝川両岸に誕生させたこの三つの堰は、「小貝川三大堰」といわれ、鉄筋コンクリートに姿を変えた今も稼働している。

Q10 『大日本史』を編んだだけではない？「水戸彰考館」の役割とは？

〝黄門《こうもん》〟徳川光圀《みつくに》が、部屋住み時代の明暦《めいれき》三年（一六五七）、史書編纂のために江戸駒込《こまごめ》（東京都文京区）の水戸藩中屋敷《みとはんなかやしき》内に設置したのが史局《しきょく》だ。これが『大日本史《だいにほんし》』編纂事業に発展してゆくが、事業本格化にともない史局も寛文《かんぶん》十二年（一六七二）に江戸小石川《こいしかわ》（同文京区）の上屋敷に移され、「彰考館《しょうこうかん》」と名づけられた。『春秋左氏伝《しゅんじゅうさしでん》』序の「彰往《しょうおう》（過去を明らかにし）考来《こうらい》（将来を考える）」から語を取ったものだ。

元禄《げんろく》十一年（一六九八）、小石川の彰考館に二十四人の館員を残し、水戸城（水戸市三の丸）二の丸に水戸彰考館を設置。総裁三人を含む二十九人が江戸から移った。多数の学者が来たことで水戸に学問的気風が起こる。これが後に「水戸学」となるのだが、水戸彰考館は藩士子弟に経典《きょうてん》の講釈も行うようになる。水戸城三の丸に天保《てんぽう》十二年（一八四二）、藩校弘道館《はんこうこうどうかん》が開館するまで藩士の教育も支えていたのだ。『大日本史』編纂に必要な資料収集や、それらを校訂・出版することも彰考館の仕事だった。

また『大日本史』を編むためには史料調査が不可欠で、館員が全国に派遣された。佐々《さっさ》介三郎《すけさぶろう》（宗淳《そうじゅん》）は貞享《じょうきょう》二年（一六八五）、九州から山陰、山陽、北陸と大調査行脚を敢行。こうした調査も生かされて、彰考館総裁安積覚兵衛《あさかかくべえ》（澹泊《たんぱく》）は『大日本史』紀伝全巻の校訂を完了させ、享保《きょうほう》五年（一七二〇）には畢生《ひっせい》の論作、『大日本史論賛《ろんさん》』を脱稿している。この介三郎と覚兵衛が、明治二十年代に創作された「水戸黄門諸国漫遊記《しょこくまんゆうき》」において、〝助《すけ》さん〟〝格《かく》さん〟のモデルとなったといわれる。

「大日本史編纂之地」碑（旧水戸彰考館跡。水戸市三の丸）

水戸徳川家の事業として続いた『大日本史』編纂は明治三十九年（一九〇六）に完了するが、彰考館の資料の一部は水戸徳川家の財団に引き継がれている。水戸彰考館跡は現在の水戸市立第二中学校あたりで、道路に面し「彰考館跡」「大日本史編纂之地」碑が建つ。

Q11 発電所がなぜ国重文？石岡第一発電所施設（高萩市・北茨城市）の価値とは？

石岡《いしおか》第一発電所施設（北茨城市中郷町《きたいばらきしなかごう》、高萩市横川《たかはぎよこかわ》）は県北東部、大北川《おおきた》にほぼ平行して東西に延びる水路式発電所施設だ。明治四十四年（一九一一）十月に運転を開始。本館をはじめ施設全体がよく保存されていることから歴史的に貴重とされ、平成二十年（二〇〇八）、国の重要文化財に指定された。

県北に水力発電所が多数建設されたのは、明治の終わりから大正にかけてのことで、発展する「日立《ひたち》鉱山」（多賀《たが》郡日立村の赤沢《あかざわ》銅山を改称）の施設拡充にともない電力需要が急増したからだった。電源開発は当時の日本国の工業発展を支える重大事だった。

そのようななか石岡第一発電所は、久原《くはら》鉱業所日立鉱山工作課長だった小平浪平《おだいらなみへい》（日立製作所創業者）を中心に、技師宮長平作《みやながへいさく》が設計し、建設された。煉瓦造りが主流だった当時、新技術の鉄筋コンクリートを発電所として日本ではじめて全面的に採用。とくに洋館風の本館発電機室は、設置される発電機が国内有数の最大出力三〇〇〇キロワットを持つため頑丈につくられたといい、日本に現存する総鉄筋コンクリート建物としても最古級品。洋装し背筋をしゃんとして立つ明治男の佇《たたず》まいを思わせる。これらの点が評価され、本館発電機室の他、本館旧変圧器室、本館変電室、調圧《ちょうあつ》水槽《すいそう》、水槽余水路《よすいろ》、第一号・二号水路橋、沈砂地《ちんさち》、取水堰堤《えんてい》、水槽……と計十件の建造物が重文指定された。

現在は、東京発電が所有。平成二十三年三月十一日に発生した東北地方太平洋沖地震とその後の余震によって水槽が尾根ごと崩落、大破したためこの水槽のみ文化財指定が解除されたが、他の九つの建造物に大きな被害はなく、重文指定は継続。今も稼働を続け、周辺地域に電力を供給している。見学は東京発電の茨城事業所に申し込む。

石岡第一発電所の本館など（北茨城市中郷町。沈砂地と取水堰堤は高萩市横川）

Q12 なぜ霞ヶ浦に海軍の陸上飛行場と日本で三番目の航空隊が設置されたのか？

ＪＲ常磐線《じょうばんせん》荒川沖駅《あらかわおきえき》の東、霞《かすみ》ヶ浦《うら》南岸の一帯は、かつて阿見原《あみはら》と呼ばれた原野で、明治になって開墾が進んだところだが、ここに大正期、海軍の白羽の矢が立った。

湖畔は風など航空機の気象環境がよい。第一次世界大戦を経験し航空戦力が重要視されるようになると、「海軍といえど陸上機が必要であり、水上基地だけでなく陸上飛行場も持つべき」が持論の金子養三《かねこようぞう》中佐の考えを容れ、大正八年（一九一九）、海軍では陸上機練習場として阿見原、水上機練習場として霞ヶ浦湖岸の合わせて八十五万坪（約二八〇ヘクタール）を買収。大正十年には霞ヶ浦飛行場を開設し、横須賀《よこすか》（神奈川県横須賀市）から百数十名の隊員が移転。臨時海軍航空術講習所として訓練を開始するに至った。現在の茨城大学農学部阿見キャンパスや阿見《あみ》町役場（ともに阿見町中央）のあたりだ。

航空術講習所は、大正十一年に霞ヶ浦海軍航空隊として正式に発足。横須賀、佐世《させ》保《ぼ》（長崎県佐世保市）についで三番目の海軍航空隊となった。土浦《つちうら》から阿見に至る通称「海軍道路」も敷かれ、昭和元年（一九二六）には根崎（土浦市）と阿見の間には常南《じょうなん》電気鉄道も開設。阿見は「海軍の街」として市街地化してゆく。

昭和四年八月には、世界一周中のドイツの大飛行船ツェッペリン号が霞ヶ浦飛行場に飛来。「霞ヶ浦」の名は〝世界的空港〟として広く知れ渡った。

昭和十五年には霞ヶ浦海軍航空隊の水上班が独立し土浦海軍航空隊となり、海軍飛行予科練習生《よかれんしゅうせい》(予科練)の訓練が行われるようになる。太平洋戦争の戦局が悪化すると、「霞ヶ浦」では大量採用と速成教育が当たり前となり、予科練出身者は六か月の訓練で特攻隊に編入された。昭和二十年六月十日、米軍のB29編隊が軍施設を爆撃する。

戦後は連合国軍が軍施設を接収・管理したが、昭和二十一年から飛行場跡への開拓入植が始まり、昭和二十七年には旧航空隊跡に警察予備隊武器学校が開校した。現在、霞ヶ浦に面した陸上自衛隊土浦駐屯地の南には、予科練平和記念館（阿見町廻《はさま》戸《ど》）が建つ。

Q13 八万人以上の人員を満洲に送った「内原訓練所」（水戸市）とは？

平成十七年（二〇〇五）に水戸《みと》市に編入され行政単位として存在しなくなった内原《うちはら》町（東茨城郡）だが、「内原訓練所」の名は昭和十年代から広く世に知られていた。

昭和二年（一九二七）に西茨城郡宍戸《ししど》町（現笠間《かさま》市）に設立された日本国民高等学校は、「貧困撲滅には農村を安定化させることだ」と考えた肥前平戸《ひぜんひらど》藩士の長男加藤《かとう》完治《かんじ》が初代校長となった農村指導者育成所だった。昭和恐慌のなか農村経済厚生運動が展開されるとその指導本部となり、昭和十年に内原に移転してきた。

加藤校長が昭和六年に六千人移民案を作成し、満洲《まんしゅう》農業移民計画が始動。昭和十一年に加藤らが農業・軍事・教育の一体化を目指した「満蒙《まんもう》開拓青少年義勇軍編成に関する意見書」を提出すると、政府もそれを取り上げて昭和十二年、満蒙開拓青少年内原訓練所（加藤完治所長）が、日本国民高等学校の農場を中心として創設された。

全国の農村の十五歳から十九歳までの次男三男らを対象とし、約二か月間の実習期間を経て、満洲に入植するための基礎的訓練を行った。バラック建てトンガリ帽子屋根の「日輪兵舎《にちりんへいしゃ》」が三百棟余設けられ、訓練生たちはそこで生活する。常時数千人の青少年が訓練を受け、訓練を修了した者は「満洲開拓青少年義勇隊」と呼ばれ、北部満洲の大訓練所に送られた。

昭和十二年から二十年までに渡満の青少年は八万六千五百人余にのぼる。……ただ多くの人びとが敗戦直前のソ連参戦やその後の抑留のなか、満洲で命を落とした。開拓団同様、食えない国民を〝棄民〟したといわれても、反論できない。敗戦とともに内原訓練所も姿を消したが、かつて修了生を内原駅特設ホームへ送り出した桜並木の道は、今も「渡満道路」と呼ばれて残っているし、特徴づけられた町の性格も残る。

昭和三十四年、内原には農林省の農業技術研修館が設立され、戦後の日本農業を象徴する機械化などの研修を行った。昭和三十七年に設立された内原国際農業研修センターも、国際協力事業団が途上国から農業技術研修生を受け入れる研究施設だった。平成十五年には、跡地隣接地に内原郷土史義勇軍資料館（水戸市内原町）が開館した。

Q14 一番新しい史跡？筑波研究学園都市の科学万博記念公園と科学万博

政府が官庁集団移転の方針を決定したのは昭和三十六年（一九六一）。富士山麓《ふじさんろく》、那須《なす》高原、赤城《あかぎ》山麓も候補地に挙がったが、昭和三十八年、東京からの距離や水質汚濁が問題化する前の霞《かすみ》ヶ浦《うら》の水が使えるなどの条件から筑波《つくば》山麓（現つくば市・牛久市）が選定され、約三千三百ヘクタールの研究学園都市の建設が閣議了解された。

産学共同の技術センターをつくる――。筑波研究学園都市構想だ。

昭和四十二年には国の教育・試験研究機関など三十四機関の移転が決まり、昭和四十八年には新構想大学として筑波大学が開校。昭和五十五年、機関の移転が終了した。並行して地域人口も増加して都市基盤の整備も進み、それに引っ張られるように民間の研究機関も続々と進出。原野の緑を生かしながら造成された人工都市が出現した。

学園東大通りと学園西大通りがメインストリートで、南北に細長い地形は、用地買収において人家と田畑を可能な限り避け、山林中心に造成計画を縮小したことによる。

こうしてできた研究学園都市の西部、中心部から三キロほど行ったところで、昭和六十年三月から九月まで、「人間・居住・環境と科学技術」をテーマに国際科学技術博覧会（科学万博）が開催された。研究学園都市の世界へのお披露目の意味も込められたこの「つくば'85」は、約二千三十万の来場者に最先端の技術や科学とその歴史に触れさせ、同時に「農業県」の色濃かった茨城県のイメージを大きく変えた。

万博跡地は分譲され、企業の研究所や工場が建ち並ぶ筑波西部工業団地となり、筑波北部工業団地とともに企業の進出が相次ぎ、その南端は科学万博記念公園も整備され、最新の科学技術紹介施設として再オープンした「つくばエキスポセンター」などがある。これが茨城で一番新しい〝史跡〟かもしれない。

国際科学技術博覧会入場券

茨城県古写真帖①

明治42年の取手駅

写真は当時唯一の出口であった東口で、右下は6月に行われた明治戦捷記念碑除幕式のため訪れた乃木希典が写りこむ。茨城県域から東京方面への鉄道は、水戸・小山間（現・水戸線）が先行していたが、明治29年（1896）、土浦・田端間で鉄道が開通（Q68）し、同年に取手駅も開業した。取手はすでに利根運河を使用した汽船により、東京に直結していたが、鉄道開通は東京への時間的距離を一気に縮めた。ちょうど明治40年前後から、利根運河会社の収益は下降に転じ、河川舟運が鉄道輸送に主役の座を明け渡していくことをイメージさせる写真である（取手市教育委員会蔵）。

第2章

茨城県の信仰篇

神社・仏閣など

第2章 宗教遺産の謎

鎌倉仏教から多くの偉人を輩出した中世常陸

明神大社《みょうじんたいしゃ》とは延喜式《えんぎしき》（平安期の法令施行細則）に記された神社の中で、とくに高い社格を持った神社のことである。県域は関東でもっとも明神大社が多く、他県の一～三座に対して茨城県だけで七座を数える。平安時代前期、常陸《ひたち》は蝦夷《えみし》平定の最前線の地として重視されており、国内の神社の神威を高め、神々の加護を得ようとする朝廷の方針が反映しているといわれる。なかでも、常陸国一宮《いちのみや》の鹿島神宮《かしまじんぐう》（鹿嶋《かしま》市宮中《きゅうちゅう》）は藤原《ふじわら》氏の氏神の一つ、蝦夷平定をつかさどる守護神として重んじられ、男体《なんたい》山と女《にょ》体《たい》山の東西二山からなる筑波《つくば》山神社（つくば市筑波）は『万葉集《まんようしゅう》』にも歌われ、全国にその名を知られた。一方、仏教の受容も比較的早く、七世紀創建の茨城廃寺（石岡《いしおか》市貝地《かいじ》）、台渡里《だいわたり》廃寺（水戸《みと》市渡里《わたり》町）などの古代寺院から、伽藍《がらん》の遺構や大量の瓦、仏具などが発掘されており、大寺院を建立した古代豪族の実力の大きさを示している。

鎌倉《かまくら》仏教の発展に常陸が果した役割も小さくない。浄土真宗《じょうどしんしゅう》の祖親鸞《しんらん》は二十年にわたって稲田《いなだ》郷（笠間《かさま》市）を布教の拠点とし、『教行信証《きょうぎょうしんしょう》』や『歎異抄《たんにしょう》』が生まれる素地をつくった。法然《ほうねん》の法統を継ぐ聖冏《しょうげい》は、天台《てんだい》宗の一派と見られていた浄土《じょうど》宗の教義や戒律を整備し、現在の浄土宗につながる基礎を築いた。禅《ぜん》宗は佐竹《さたけ》氏の一族で夢窓疎《むそうそ》石《せき》の弟子となった月山周枢《がっさんしゅうすう》、中国・元《げん》朝で二十年もの修行を積んだ復庵宗己《ふくあんそうき》ら常陸出身の禅僧が近隣諸大名の後援を得て、臨済《りんざい》禅の普及に多大な足跡を残した。鎌倉幕府の庇護を受けた律《りっ》宗も、忍性《にんしょう》と弟子たちの活躍により筑波山麓を中心に教線を広げた。今も山麓一帯には結界石や石灯籠など、律宗に関わる多くの石像遺物が点在している。

江戸時代、御三家《ごさんけ》の一つ水戸藩が生まれると、常陸の文化の中心は水戸に移る。二代藩主徳川光圀《みつくに》は、仏教寺院の整理や僧侶の処分を断行し、光圀の宗教政策によって七百余の寺院が破却されたといわれる。幕末の徳川斉昭《なりあき》はこれをさらに強力に推し進め、梵鐘《ぼんしょう》や仏具の没収、僧侶の追放・還俗《げんぞく》、一村一鎮守をめざした神社の統合強化など、強引な神仏分離・寺院整理を進めようとした。この改革は結果的に斉昭の失脚を招き頓挫するが、徹底した仏教弾圧は、明治の廃仏毀釈《はいぶつきしゃく》を先取りするものとなった。

Q15『常陸国風土記』の「夜刀の神」の説話は何を暗示しているのか？

日本各地の郡郷の地名や物産、土地の伝承などを記録して言上せよとの命が、元明《げんめい》天皇から諸国に発せられたのは和銅《わどう》六年（七一三）のことである。こうして編まれた報告書が「風土記《ふどき》」である。まとまった形で現存する風土記は五か国だけだが、なかでも『常陸国《ひたちのくに》風土記』は格調高い漢文調で記されており、相当な教養人が編纂に携わったといわれている。常陸の自然や生活が生き生きと描かれていて興味が尽きないが、神や農耕儀礼にかかわる記事も人びとの宗教観を知るうえで興味深い。行方郡《なめがた》の条にみえる夜刀《やと》の神の逸話もその一つだ。六世紀初頭の継体《けいたい》天皇の時代、箭括氏麻多《やはずのうじまた》智《ち》という人物が郡西部の葦原を開墾していた時、夜刀の神の群れが現れた。頭に角を持つ蛇のような体をした神で、その姿を見たものは子孫が絶えるといわれた。しかし、勇敢な麻多智は甲冑を着て仗《ほこ》を取り、夜刀の神を打ち殺して谷へ追い払った。そして境界に杖《つえ》を立て「ここから先は神の土地、こちら側は人の田となす。自分は祝《はふり》（神職）となり永代に敬い祭るので恨むな」と告げ、子孫も祭を守り伝えた。しかし一世紀以上後、谷の開発に着手した壬生連麿《みぶのむらじまろ》は容赦をしなかった。現れた夜刀の神に「どのような神であろうと、朝廷の王化に従わないものがあろうか。恐れることなく皆打ち殺せ」と人びとに命じたところ、夜刀の神たちはたちまち退散したという。

夜刀の神は土地の地主神である。地主神を追い払えば、開墾どころか稲作もできないというのが、当時の人びとの意識だった。その点この逸話は、不自然の感が否めない。そのため、事実そのものではなく、開拓時の自然との戦いを示すもの、あるいは先住民のいる未開地が、先進地の指導者によって開発されたことを象徴する説話といわれる。また一説によると、夜刀の神を追い払うストーリーを儒教《じゅきょう》思想の現れとする説もある。儒教の代表的著作である『論語《ろんご》』を書いた孔子《こうし》は、祖霊や霊魂の祭祀に批判的であった。『常陸国風土記』編纂時の国司《こくし》は、入唐《にっとう》経験のある藤原宇合《ふじわらのうまかい》だったともいわれる。大陸かぶれの宇合が、在地の土俗的な農耕儀礼を愚かな習俗と考え、儒教の合理主義によって脚色した結果が、大胆な神殺しの説話を生んだのかもしれない。

Q16 茨城の鹿島神宮の神と千葉の香取神宮の神が会う御船祭とは?

現在の霞《かすみ》ヶ浦《うら》や北浦《きたうら》、利根《とね》川などを含む一帯は、かつて香取《かとり》の海と呼ばれる内海が広がっていた。その南北の水辺に鎮座する鹿島神宮《かしまじんぐう》(鹿嶋《かしま》市宮中《きゅうちゅう》)と香取神宮(千葉県香取市)は、東国の大社《たいしゃ》の中でもとくに尊崇され、沿岸は両社の神郡とされて手厚い庇護を受けた。神郡をもつ明神《みょうじん》大社が内海を挟んで向かい合っているのは異例で、他に例を見ない。両者の創建は、いずれも神武《じんむ》天皇の時代にさかのぼるといわれるが、いずれも内海周辺の開拓の祖神として発展したものが、七世紀以降、朝廷によって再編されたものともいわれている。両社は対の存在として大和《やまと》政権の東国経営の拠点となり、平安時代以降は蝦夷《えみし》平定の守護神として崇められた。

現在、香取の海は消滅したが、陸で隔てられた今も両社の結び付きを伝える神事がある。鹿島神宮の祭神武甕槌大神《たけみかづちのおおかみ》と香取神宮の祭神経津主大神《ふつぬしのおおかみ》が水上で再会する御船《みふね》祭《まつり》である。十二年に一度、午《うま》年の九月に行われる同社最大の神事で、内海交通で栄えた古代の人びとの足跡を伝えるものといわれる。神事は九月はじめ、勅使《ちょくし》を迎えての例祭で幕を開ける。鹿島神宮の分霊を奉じた神輿が二千人の大行列に守られて陸上を行進。北浦沿岸の大船津《おおふなつ》（鹿嶋市大船津）から御座船《ござぶね》に乗り込み、八十余艘の供奉船を従えて鰐《わに》川から浪逆浦《なさかうら》を経て香取市加藤洲《かとうず》の斎杭《いみぐい》へ進み、そこで香取神宮による御迎祭《おむかえさい》が催される。

昭和17年（1942）の御船祭における御座船舶（『官幣大社鹿島神宮御船祭記念写真帖』。国立国会図書館蔵）

　両祭神が水上で対面を終えると、御座船は同じ経路で神宮に戻って行宮御着輿祭《あんぐうごちゃくよさい》を行い、翌日神輿が本宮に還御して例祭は幕を閉じる。社伝によると千七百年前の応神《おうじん》天皇の時代から続く神事といわれるが、両社の歴史から考えると、もう少し時代を下るのではないだろうか。平成二十五年（二〇一三）には大船津の北浦湖上に神輿がくぐる一之鳥居《いちのとりい》が新たに竣工し、華麗な神事に彩りを添えた。

Q17 古代常陸の仏教文化を支えた地方豪族の実力とは？

六世紀半ばに日本に伝来した仏教は、その後、急速に地方に普及し、関東地方でも早いところでは七世紀初頭から地方豪族による私寺が建立されていた。常陸《ひたち》においても、国分《こくぶん》寺建立前から地方豪族によって古代寺院が建てられていたことが、発掘調査で明らかになっている。石岡《いしおか》市貝地《かいじ》の茨城廃寺跡からは「茨木寺」「茨寺」などと書かれた土器が出土しており、七世紀後半に建てられた古代茨城郡の郡寺だったと考えられている。水戸《みと》市渡里《わたり》町の台渡里《だいわたり》廃寺は、七世紀後半の白鳳《はくほう》時代に創建された寺院遺構で、東西一二六メートル、南北一五六メートルの敷地に金堂《こんどう》や中門《ちゅうもん》、経蔵《きょうぞう》などが建てられていたが、九世紀後半に火災で廃絶したといわれる。大量の瓦とともに、塔の上に飾られた相輪《そうりん》を描いた瓦、仏像の鋳型、金箔製品、相輪の一部などの遺物が出土している。

古代寺院の多くは寺名すらわからないが、奈良時代以前からこれだけの寺院を建立した地方豪族の実力は特筆すべきものといえよう。これらのノウハウがあったからこそ、天平《てんぴょう》十三年（七四一）から始まる国分寺の造営もつつがなく進められたと考えられる。天平十五年に完成した常陸国分寺（石岡市府中《ふちゅう》）は、現在も同じ敷地内に規模を縮小して、浄瑠璃《じょうるり》山国分寺という真言宗《しんごんしゅう》寺院として存続しているが、創建当時は東西二七六メートル、南北二五二メートルもの寺地をもつ巨大寺院だった。南大門《なんだい》の北に中門があり、そこから幅七メートル近い回廊が延びて北側の金堂と連結しており、さらに金堂の北側に講堂、西側に鐘楼《しょうろう》が建てられていた。造営には地方豪族の財と寺院建築のノウハウが注ぎ込まれたことだろう。

寺院に使われる瓦は、以前から各郡の窯《かま》で独自生産されていたが、国分寺造営の際、新たに中央の新技術が取り入れられた。茨城郡司《ぐんじ》が中核となって造瓦《ぞうが》組織の編成に携わったと考えられており、茨城廃寺からは国分寺と同系統の瓦が出土している。他の地方寺院の瓦も、国分寺以前と以後では瓦の文様や技法に変化が現れており、国分寺造営を機に職人のスキルアップが図られたようだ。国分寺造営は豪族たちの力を世に示すとともに、中央の先端技術を地方にもたらす画期にもなったのである。

Q18 城里町の小松寺に残る平家の落人伝承とは？

全国に残る平家落人《へいけおちうど》伝説の多くは、源平《げんぺい》の最終決戦があった西国地方に集中しているが、遠く北関東にも栃木県日光《にっこう》市の湯西川《ゆにしがわ》温泉をはじめ、いくつかの伝承地がある。茨城郡城里《しろさと》町にある小松《こまつ》寺もその一つ。真言宗智山派《しんごんしゅうちざんは》の古刹で、平家の有力家人の一人平貞能《たいらのさだよし》の開山と伝えている。

平貞能は父家貞《いえさだ》とともに伊勢平氏《いせへいし》に仕えた累代の家人《けにん》である。平清盛《きよもり》の在世時は「専一腹心の者」といわれ、清盛引退後は清盛の嫡子重盛《しげもり》、その子資盛《すけもり》に仕えた。反平氏の内乱が激化した寿永《じゅえい》元年（一一八二）、肥後守《ひごのかみ》として九州に下り反乱勢力の鎮圧にあたるなど平氏軍の支柱として活躍。寿永二年七月、木曾義仲《きそよしなか》の軍勢が京に迫ると、総帥平宗盛《むねもり》の都落ちの方針に反対して、都で源氏勢を迎え討つよう進言したが容れられなかったため、一門から離反して東国へ落ちたといわれる。

小松寺の寺伝によると、平氏滅亡後、貞能は重盛の後家である相応院得律禅尼《そうおういんとくりつぜんに》を伴って常陸《ひたち》に下り、重盛に縁のある坂東平氏の大掾《だいじょう》（多気《たけ》）義幹《よしもと》を頼った。義幹から茨城郡金伊野村（城里町上入野《かみいりの》）の白雲山の地を寄進された貞能は、重盛の遺骨を埋葬して一寺を建立して小松寺と名づけ、出家して小松房と称したという。

この話がどこまで事実を伝えているのかは分からない。『吾妻鏡《あづまかがみ》』や『源平盛衰記《げんぺいじょうすいき》』によると、貞能は文治《ぶんじ》元年（一一八五）六月、鎌倉《かまくら》の宇都宮朝綱《うつのみやともつな》を頼って東国へ逃れ、源頼朝《みなもとのよりとも》の許しを得て宇都宮氏の所領のある下野《しもつけ》（栃木県）に隠退し、重盛の後生を弔いながら余生を送ったとされる。これによれば、貞能の隠居地は下野であったことになるだろう。このほかにも縁起が貞能に関係する寺院には、行方市《なめがた》羽生《はにゅう》の万福《まんぷく》寺、栃木県那須塩原《なすしおばら》市の妙雲《みょううん》寺をはじめ全国に多く存在する。いずれも伝説色が濃いものの、少なくとも貞能が東国に下り信仰生活を送ったことは確かなように思われる。現在、小松寺には重盛の墳墓のほか、重盛の守り本尊といわれる如意輪観音《にょいりんかんのん》像が伝えられている。八センチ四方の小ぶりな板に刻まれた精巧な像で、中国・唐《とう》の時代につくられ平氏の日宋《にっそう》貿易によって日本にもたらされたともいわれている。

Q19 常陸平氏の七氏が交替で務めた「鹿島大使役」って何？

古代から蝦夷《えみし》平定の守護神、藤原《ふじわら》氏の氏神の一つとして尊崇された鹿島神宮《かしまじんぐう》（鹿嶋《かしま》市宮中《きゅうちゅう》）。平安末期には、全国的な神社の再編成の中で常陸国一宮《ひたちのくにいちのみや》に認定され、名実ともに国内一の大社《たいしゃ》としての地位を確立する。鎌倉《かまくら》時代には武神として御家人たちの篤い尊崇を受け、二十年に一度の社殿の造営も幕府主導で行われ、造営奉行人は幕府の命によって決められた。鎌倉武士の鹿島社への畏敬の大きさを伝える逸話がある。

文治《ぶんじ》元年（一一八五）八月、有力御家人《ごけにん》下河辺政義《しもこうべまさよし》が鹿島社領橘《たちばな》郷（行方《なめがた》市・小美玉《おみたま》市など）に干渉して鹿島社の神主中臣親広《なかとみのちかひろ》に訴えられる事件が起きた。両者は源頼朝《みなもとのよりとも》の前で相論《そうろん》を行い採決が行われることとなったが、政義は十分弁明しなかったために敗訴となり、乱行停止《らんぎょうちょうじ》が命じられた。採決の後、頼朝が弁明しなかった理由を聞いたところ、政義は「武士の守護神である鹿島神宮を恐れる気持ちをもっているので反論できなかった」と答えている。

同社の重要な神事である七月大祭も、武家主導で行われるようになった。七月大祭は神功皇后《じんぐう》が朝鮮《ちょうせん》半島の三韓《さんかん》出兵の折、鹿島神社の祭神である武甕槌大神《たけみかづちのおおかみ》が皇后の船を守護したという故事に由来する。平安時代は朝廷から下向した勅使《ちょくし》が鹿島大使役として祭礼を執り行っていたが、平安後期以降は鹿島郡の在庁官人である常陸大掾《ひたちだいじょう》氏が大使役を務めるようになった。朝廷の財政難により勅使を派遣することができなくなったため、現地の人材が登用されたわけである。大使役は鹿島、国府、行方、真壁《まかべ》、小栗《おぐり》、吉田《よしだ》、東条《とうじょう》の大掾氏一族が交替で務めたが、これ以外の者が務めるときも、わざわざ臨時で大掾職に任じられるのがしきたりだった。この役は大掾氏にとっても非常な名誉で、一族の権威を国内に知らしめるものとなったが、負担も大きかった。十五世紀になると七月大祭は滞りがちとなり、真壁朝幹《ともも と》のように大使役を免除してほしいと訴える者も現れ、戦国時代の天正《てんしょう》期（一五七三〜九二）頃、鹿島大使役は廃絶する。大掾氏が小田原《おだわら》の北条《ほうじょう》氏に味方して豊臣秀吉に滅ぼされたことが背景にあったと考えられる。

Q20 親鸞はなぜ常陸を布教の拠点に選んだのか？

鎌倉《かまくら》新仏教の祖師のうち、日蓮《にちれん》と並んで東国にゆかりのある人物といえば、浄土真《じょうどしん》宗《しゅう》の親鸞《しんらん》を思い浮かべるのではないだろうか。笠間《かさま》市稲田《いなだ》の西念《さいねん》寺は親鸞が二十余年を過ごした稲田草庵の後身である。その西方には、かつて小川が流れており「見返り橋」と呼ばれる小さな橋がかかっていた。帰京を決意した親鸞がここで立ち止まり、家族との別れを惜しんで振り返った場所であると伝えられている。現在、小川はなくなっているが、石造りの橋と石碑が建てられており、ありし日の親鸞をしのぶよすがとなっている。

親鸞は承安《しょうあん》三年（一一七三）、京の下級貴族日野《ひの》有範《ありのり》の子として生まれた。時は平《へい》氏《し》の全盛期。有範は皇太后宮大進《こうたいごうぐうだいしん》として後白河《ごしらかわ》法皇の寵姫《ちょうき》で平清盛《たいらのきよもり》の義妹でもある建《けん》春門院滋子《しゅんもんいんしげこ》に仕えた。養和《ようわ》の飢饉《ききん》による未曽有の飢餓が列島を覆うなか、親鸞は九歳で出家して比叡《ひえい》山横川《よかわ》に入り、堂僧《どうそう》という下級僧侶として二十余年を送る。やがて山を降り、建仁《けんにん》元年（一二〇一）、京の六角堂《ろっかくどう》で救世《ぐぜ》観音《かんのん》の示現《じげん》を得た親鸞は、法然《ほうねん》を訪ねて専修念仏《せんじゅねんぶつ》に帰依《きえ》したが、承元《じょうげん》元年（一二〇七）の「承元の法難」に連座して越後《えちご》（新潟県）に流される。これを機に愚禿《ぐとく》親鸞を名乗り、肉食妻帯という「破戒《はかい》」をあえて行いながら、僧侶でも俗人でもない非僧非俗の立場を貫き続けることとなる。

　四年後、流罪を解かれた親鸞は、その後も越後にとどまったが、建保《けんぽう》二年（一二一四）、妻の恵信尼《えしんに》と二人の子どもを連れて東国をめざす。上野国《こうずけのくに》佐貫《さぬき》荘（群馬県明和《めいわ》町など）を経て常陸《ひたち》に至り、小島《こじま》荘（下妻《しもつま》市）で三年間を過ごした後、笠間郡稲田の地に草庵を構えて布教の拠点とした。東国には上野（群馬県）の薗田《そのだ》成家《しげるいえ》、大胡隆義《おおごたかよし》、下野《しもつけ》（栃木県）の宇都宮頼綱《うつのみやよりつな》、武蔵《むさし》（埼玉県・東京都）の甘糟忠綱《あまかすただつな》など、親鸞と同じ法然門下の御家人が少なくなかった。親鸞にとって兄弟弟子が多く住む東国は、まったくの異郷の地とは思われなかったに違いない。

　しかし、親鸞がどうして北関東の常陸にまで足を伸ばしたのか、はっきりした事情は分かっていない。恵信尼の書状には「衆生利益のため」、親鸞の曾孫覚如《かくにょ》の『報恩《ほうおん》講私記《こうしき》』には「西土《さいど》の教文を広めんがため」などとあるだけで、布教伝道のためであることは分かるが、なぜ常陸だったのかという答えは記されていない。

親鸞の常陸移住については、古くからさまざまな説が唱えられている。常陸に恵信尼の実家三善《みよし》氏の親戚がいた、恵信尼の父三善為教《ためのり》の所領が下妻または稲田にあった、『教行信証』を執筆するための資料が稲田神社（笠間市稲田）にあったなどの諸説があるが、いずれも憶測の域を出るものではなかった。現在は、法然あるいは親鸞自身に縁故のある関東の有力者によって招かれたとする説が有力である。

その人物とは誰かということになるわけだが、候補者の一人が、先に法然の弟子として名前を挙げた下野の宇都宮頼綱である。宇都宮氏は藤原北家《ふじわらほっけ》の傍流で、代々下野国《こく》司《し》を務めた名族である。歌人としても有名な頼綱は執権北条時政《しっけんほうじょうときまさ》の娘婿で、承久《じょうきゅう》の乱では鎌倉留守居役《るすいやく》を務めた幕府の実力者。承元二年、京都大番《おおばん》役で上洛した際に法然に帰依したといわれており、法然亡き後は証空《しょうくう》の弟子になっていた。親鸞にとっては弟弟子にあたる人物である。頼綱は笠間郡に所領を持っており、後年、甥で養子の塩谷《しおや》時朝《ときとも》にこの地を与え、以後、時朝は一家を起こして笠間氏を名乗っている。

また西念寺の伝えによると、笠間に住む頼綱の猶子《ゆうし》稲田頼重《よりしげ》が、頼綱の助言と自身の夢想に基づいて一門の賢快《けんかい》を越後に赴かせて親鸞を招聘したという。これも宇都宮氏招致説を裏付けるものといえるかもしれない。そのほか、はじめに親鸞が住んだといわれる小島草庵の伝説では真壁郡司《ぐんじ》小島武弘《こじまたけひろ》が、笠間市笠間の光照《こうしょう》寺の伝記では笠間城主庄司基員《しょうじもとかず》が招いたとする。いずれにせよ妻の縁故などではなく、親鸞自身の徳を慕う人物に招かれて常陸に腰を下ろすことになったと考えてよいのではないだろうか。

常陸に至った親鸞は、当初人びとの迫害を受けることもあったが、やがて教線を広げていき、弟子たちは各地に寺院を建てて門徒集団を形成した。とくに有力だったのが横曽根《よこぞね》（常総《じょうそう》市）にあった報恩《ほうおん》寺の性信《しょうしん》、鹿島無量寿《むりょうじゅ》寺（鉾田《ほこた》市鳥栖《とりのす》）の順信《じゅんしん》、高田《たかだ》専修《せんじゅ》寺（栃木県真岡《もおか》市）の真仏《しんぶつ》などである。親鸞の高弟の名を覚如が記した『二十四輩牒《にじゅうよはいちょう》』が、東茨城郡大洗《おおあらい》町磯浜《いそはま》町の願入《がんにゅう》寺にあるのも親鸞と常陸とのつながりを示している。

撰雪六々談　親鸞（『月の百姿』。国立国会図書館蔵）

Q21 日蓮が死の直前に行こうとした「ひたちのゆ」はどこにあった？

幾多の法難にあいながら死の危険をも顧みず、法華経《ほけきょう》への信仰をつらぬいた日蓮《にちれん》。布教の拠点とした鎌倉《かまくら》や身延山《みのぶ》（山梨県身延町）をはじめ、故郷の房総地方、配流先の伊豆《いず》（静岡県）や佐渡《さど》など各地に足跡を残し、弘安《こうあん》五年（一二八二）十月、武蔵国《むさしのくに》池上郷《いけがみ》（東京都大田区《おおた》）で六十一歳の生涯を閉じた。日蓮最期の地となった池上には、池上本門寺《ほんもん》が建てられ、日蓮宗の本山の一つとして今日も尊崇を集めている。

じつは日蓮の終焉の地は武蔵ではなく常陸《ひたち》になる可能性もあった。この時の日蓮の旅は常陸への湯治《とうじ》が目的で、その途上に病が急変し亡くなったからである。

日蓮が目指していたのは「ひたちのゆ」であった。正確な場所は分かっていないが、有力な候補地として挙げられているのが水戸《みと》市加倉井《かくらい》町である。かつてここは那珂西《なかさい》郡隠井《かくらい》郷と呼ばれ、江戸時代頃まで鉱泉があったといわれている。伝承によると、平安時代中頃、奥州《おうしゅう》に赴く途中の源義家《みなもとのよしいえ》が大きな湖があるのを見て、家臣のために飲み水を求めて水源を探しているうちに当地の鉱泉を発見したといわれている。

甲斐《かい》やその周辺には湯治のための良い温泉がいくらでもある。日蓮がわざわざ温泉の少ない常陸をめざしたのは、加倉井が信徒の一人波木井実長《はきいさねなが》の所領だったからだといわれている。波木井氏は甲斐源氏南部《げんじなんぶ》氏の庶流で、実長は南部光行《みつゆき》の三男である。幕府の有力御家人《ごけにん》であったが、鎌倉で辻説法を行っていた日蓮に帰依し、日蓮の佐渡配流後、本領のある甲斐に日蓮を招いて草庵を寄進した。これが発展して身延山久遠《くおん》寺となるのである。晩年の日蓮を支えた最大の功労者の一人といっていい。

結局、加倉井で静養してもらおうという実長の願いは達せられなかったが、やがて日蓮の教えはこの地に根付いていく。十三世紀末、加倉井に移り住んだ実長の次男加倉井実氏《さねうじ》は、亡母の菩提を弔うために日高《にっこう》上人を開祖として隠井山妙徳《みょうとく》寺を建立。加倉井氏の菩提寺になるとともに、水戸地域で初めて開かれた日蓮宗寺院として発展していく。ちなみに境内にある日蓮像は、昭和の大横綱双葉山《ふたばやま》が寄進したもの。日蓮宗を深く信仰した双葉山は毎場所、同寺に祈願をこめて土俵に立つのが例だったという。

Q22 関東最古の八幡宮、大宝八幡宮(下妻市)に伝わる奇祭・タバンカ祭とは?

下妻《しもつま》市大宝《だいほう》の大宝八幡宮《はちまんぐう》は、大宝《たいほう》元年（七〇一）、藤原時忠《ふじわらときただ》が常陸国河内《ひたちのくにこうち》郡に下向した際、東国平定を願って豊後《ぶんご》の宇佐《うさ》八幡宮（大分県宇佐市）を勧請《かんじょう》し創建された古社である。古くは平将門《たいらのまさかど》や、前九年《ぜんくねん》の役《えき》の際の源義家《みなもとのよしいえ》などが参拝し、文治《ぶんじ》五年（一一八九）には奥州《おうしゅう》を平定した源頼朝《よりとも》が鎌倉の鶴岡《つるがおか》八幡宮を勧請して摂社の若宮《わかみや》八幡を創建するなど、名だたる武将たちの崇敬を受けた。中世以降は下妻氏によって築城された大宝城の一部となり、鎌倉時代後期から社域に寺院が次々建立され「大宝寺八か寺」と称されたが、明治の神仏分離令で廃絶した。小ぶりながら重厚な味わいのある本殿は、戦国時代後期の天正《てんしょう》五年（一五七七）の再建で、国重要文化財に指定されている。江戸時代後期建立の祖霊殿は、大宝寺の護摩堂《ごまどう》として建立されたもので、神仏分離前の旧大宝寺唯一の遺構である。本堂の東南にあるあじさい苑は、大宝城の土塁保全のために植えられたのがはじまりで、毎年六月には三百種四千株のあじさいが咲き誇る。

堂舎やあじさいもさることながら、大宝八幡宮といえば毎年九月に行われる「タバンカ祭」が有名だ。火の粉を浴びることで火の災いを退ける全国でも珍しい祭である。

巴型に並べられた畳とその中央の鍋ぶたに、御飯と冬瓜《とうがん》を盛ったかわらけが乗せられ神前に祀《まつ》られるところから祭りははじまる。祭の所役《しょやく》である白装束の氏子青年が、かわらけの乗った畳を拝殿前に放り投げる。砕けたかわらけを拾うと病気にかからないといわれることから、人びとは競ってこれを拾う。その後、松明《たいまつ》に火がつけられ、所役が火を囲んで畳と鍋ぶたを勢いよく石畳に叩きつける。この時に鳴るバタンバタンという音が「タバンカ」の名の由来である。次に大松明を両手に持った所役が、松明を振り回しながら境内を駆け回り観衆に火の粉を撒き散らす。人びとは歓声をあげながらこれを迎えるところで祭はクライマックスを迎える。畳と鍋ぶたが登場するのはユニークだが、これは応安《おうあん》三年（一三七〇）、大宝寺の別当坊《べっとうぼう》（社坊を取り仕切る寺院）賢了院《けんりょういん》が火災にあった際、畳と鍋ぶたを使って火を消した故事を戯曲化したものであるという。地域史のひとコマを今に伝える民俗色の濃い神事である。

Q23 現代に続く浄土宗の基礎を確立したのは常陸出身の聖冏だった?

数ある鎌倉《かまくら》新仏教のなかで、先頭を切って現れたのが法然《ほうねん》の浄土宗《じょうどしゅう》である。末代にあっては仏典の学習や修行、仏寺の建立などで救済を得ることはできない。阿弥陀仏《あみだぶつ》の名を唱える称名念仏《しょうみょうねんぶつ》だけが救いをもたらすという思想だ。今でこそ我々は法然を「浄土宗の開祖」と呼ぶが、当時は独立した宗派とは認識されていなかった。天台宗《てんだい》にも古くから浄土思想があり、法然も比叡山《ひえい》で天台浄土教《じょうどきょう》のバイブルである『往生要集《おうじょうようしゅう》』の影響を強く受けており、法然の教団も天台宗の一派と考えられていた。その浄土宗を天台宗から独立させた功労者が、常陸《ひたち》出身の聖冏《しょうげい》(了誉《りょうよ》)である。

聖冏は暦応《りゃくおう》四年(一三四一)、久慈《くじ》郡岩瀬《いわせ》城(桜川《さくらがわ》市岩瀬)の城主白石義光《しらいしよしみつ》の子として生まれた。八歳の時、常福寺《じょうふく》(那珂《なか》市瓜連《うりづら》)で出家し開山の了実《りょうじつ》に師事した。聖冏の利口そうな顔を見て、了実は「前夜の夢に虚空蔵菩薩《こくうぞうぼさつ》が出現されるのを見たのはこの子か」といって喜んだという。早くから聖人の相があったのだろう。聖冏は二十一歳で最初の著作『浄土述聞口決鈔《じょうどじゅつもんくけつしょう》』を著し、二十代後半に修行の旅に出た。浄土宗の教義を確固たるものにするには、他宗派の教えも学ばなければならないと考えたのである。

関東諸国を廻り歩いて、天台・真言《しんごん》宗から臨済《りんざい》宗、唯識論《ゆいしきろん》、神道まで幅広く学んだ聖冏は、十三年後に常福寺に帰って了実から浄土宗の付法を受けた。しかし、席を温める暇もなく、翌年にはまた旅に出て各地を回り、やがて横曽根《よこぞね》（常総《じょうそう》市）で談義所《だんぎしょ》（学問所）を開いた。以後、聖冏はもてる学識のすべてを投入して著作活動に没頭する。中でも浄土宗の教義を明確にした『釈浄土二蔵頌義《しゃくじょうどにぞうじゅぎ》』、正しい戒律が浄土宗に伝えられていることを説いた『顕浄土伝戒論《けんじょうどでんかいろん》』などは、浄土宗教学を大成に導く画期的な著作となった。さらに、教義や戒律を後世に正しく伝えるために、法然の著書などを通して浄土宗の教えを正しく伝える法会（五重相伝《ごじゅうそうでん》）を整備し、天台宗で行われていた円頓戒《えんとんかい》に基づく独自の受戒《じゅかい》制を確立した。こうした精力的な活動によって浄土宗は天台宗のくびきを逃れ、一宗派としての独自性を確立し、聖冏は浄土宗中興の祖としてその名をとどめることとなったのである。

Q24 夢窓疎石が常陸の禅宗の勃興に果たした役割とは？

夢窓疎石《むそうそせき》は、南北朝時代前半の政治に隠然たる影響力を及ぼした宗教界の大立者である。足利尊氏《あしかがたかうじ》・直義《ただよし》の帰依を受け、幕府の官寺制度である五山《ござん》制度の確立、安国寺《あんこくじ》の建立を推進するなど、室町幕府初期の宗教政策に大きな影響を及ぼす一方、京の天《てん》龍《りゅう》寺や西芳寺《さいほうじ》（苔寺《こけでら》）の作庭を手掛けるなど、仏教文化史・美術史に名をとどめる芸術家でもあった。

宗教界の巨人ともいえる夢窓が、常陸《ひたち》でも布教活動を行っていたことはあまり知られていない。鎌倉《かまくら》時代末、若き日の夢窓は下野《しもつけ》の雲巌《うんがん》寺（栃木県大田原《おおたわら》市）で修行し、その後、常陸国臼庭《うすば》（北茨城《きたいばらき》市磯原《いそはら》町）で布教活動に取り組んだといわれる。その夢窓にとりわけ熱い視線を送ったのが常陸の雄佐竹《さたけ》氏だった。

南北朝時代初頭、佐竹貞義《さだよし》は天龍寺にいる夢窓のもとに子息義継《よしつぐ》を送って出家させた。禅への傾倒ということもあるが、尊氏の帰依を受ける夢窓と関係を持つことで、足利氏との関係を強化しようとしたのであった。夢窓の弟子となった義継は月山周枢《がっさんしゅうすう》と称して修行に励み、夢窓から禅をおさめたことを証明する印可を受けた。やがて月山は帰国して太田《おおた》の勝楽寺《しょうらくじ》（常陸太田《ひたちおおた》市増井《ましい》町。廃寺）を真言宗《しんごんしゅう》から臨済《りんざい》宗に改め、夢窓を開山、自身が二世となって寺の興隆に努めた。この時、夢窓が勝楽寺の敷地に建てた正宗庵《しょうしゅうあん》が、現在の正宗寺である。また、弟の義篤《よしあつ》も夢窓の指導を受けて春山浄善と号し月山を助けたという。こうして、佐竹氏の全面的なバックアップの下、臨済宗は常陸北部に急速に根付いていった。絶海中津《ぜっかいちゅうしん》とともに五山文学の双璧といわれた義堂周信《ぎどうしゅうしん》も、キャリアの過程で勝楽寺の住持を務めており、戦国時代には画僧雪村《せっそん》が正宗寺で出家を果たすなど、中世常陸の文化の中心地として繁栄するのである。

夢窓窟（北茨城市磯原町）。古墳期の横穴墓で嘉元３年(1305)、当地に滞在し悟りを開いた夢窓疎石がここで座禅を組んだと伝わる

Q25 法雲寺(土浦市)を創建し京までその名を轟かせた復庵宗己とは?

土浦《つちうら》市高岡《たかおか》の法雲《ほううん》寺には、中国の元《げん》代につくられた珍しい竹織払子《ちくせんほっす》と棕毛《そうもう》払子が伝えられている。払子はもともと蝿や蚊を追い払うための道具で、それが転じて煩悩を払う法具とされたが、元代の払子は世界的にも珍しいとされる。この法具を日本にもたらしたのが、月山周枢《がっさんしゅうすう》と並ぶ常陸禅宗《ひたちぜんしゅう》の巨頭復庵宗己《ふくあんそうき》である。

弘安《こうあん》三年(一二八〇)に生まれた復庵は、幼くして小田治久《おだはるひさ》の猶子《ゆうし》となり、出家して密教《みっきょう》、続いて禅を学んだ。延慶《えんぎょう》三年(一三一〇)、元にわたって天目《てんもく》山の中峰明本《ちゅうほうみんぽん》に師事して本場の禅を学び二十年後に帰国。小田宗知《むねとも》に迎えられて、正慶《しょうきょう》元年(一三三二)、茨城郡高岡に揚阜庵《ようふあん》を設けて止住した。元から帰国する際、暴風に巻き込まれ、あわや沈没寸前となったが、猿田彦命《さるたひこのみこと》の化身が出現し危機を逃れた。そのため揚阜庵の北東の鬼門には、寺の守護神として猿田彦命を祭神とした「梶取大明神《かじとりだいみょうじん》」と

「帆取天神《てんじん》」が祀られていたという。

師の中峰明本の十三回忌にあたる建武二年（一三三五）に正受庵《しょうじゅあん》と改め、中峰明本を開山第一世、自身を二世とし、文和《ぶんな》三年（一三五四）に法雲寺に改めた。

禅と念仏《ねんぶつ》をミックスさせた復庵の教えは分かりやすく、多くの崇拝者を生んだ。小田氏だけでなく佐竹《さたけ》氏や二階堂《にかいどう》氏、小山《おやま》氏、結城《ゆうき》氏などの諸大名・国人《こくじん》に招かれ、寺院を建立することもあった。東茨城郡城里《しろさと》町下古内《しもふるうち》の清音《せいおん》寺は、佐竹義篤《よしあつ》が復庵を中興開山として招いて真言《しんごん》宗から臨済《りんざい》宗に改め、父貞義《さだよし》の菩提寺としたものである。その声望は京にも聞こえ、足利尊氏《あしかがたかうじ》や後光厳《ごこうごん》天皇も熱心に上京を勧めたが復庵は応じなかった。在地の教化が復庵の望みだったのだろう。

その後、法雲寺は小田氏の庇護のもとで繁栄し、最盛期には三百余の末寺を抱える大寺院に成長する。戦国時代には北条《ほうじょう》氏や佐竹氏に攻められて衰退したが、幸い創建当初の姿を伝える元亨《げんこう》三年（一三二三）建立の山門をはじめ、鎌倉《かまくら》時代から江戸時代にかけて制作された絵画や経文、文書が多数残された。室町時代制作の復庵和尚像、中国元代の中峰和尚像・高峰《こうほう》和尚像（中峰の弟子）は国重要文化財に指定されている。

Q26 徳川家康の孫娘・千姫の墓が茨城の弘経寺(常総市)にあるのはなぜ?

常総市《じょうそう》豊岡町《とよおか》の天樹院弘経寺《てんじゅいんぐぎょう》は、室町幕府全盛期の応永《おうえい》二十一年(一四一四)、嘆誉良肇《たんよりょうちょう》によって開かれた浄土宗《じょうどしゅう》寺院である。境内には、内陣に江戸時代初頭の再建時の意匠を残す本堂、輪蔵《りんぞう》と呼ばれる回転文庫を備えた経蔵《きょうぞう》、僧侶に姿を変えたムジナの伝説にまつわる大木・来迎杉《らいごうすぎ》など見どころが多い。なかでも目を引くのが千姫廟《せんひめ》だ。

千姫は徳川秀忠《ひでただ》とお江《ごう》の長女で、政略結婚により豊臣秀頼《ひでより》の妻となるが、大坂夏の陣で夫と死に別れた悲劇の女性である。本多忠刻《ほんだただとき》と再婚したが、わずか十年で後夫も亡くなり、落飾して天樹院と号し、寛文《かんぶん》六年(一六六六)、七十歳でこの世を去った。

徳川と豊臣の懸け橋となった千姫の廟が、なぜ江戸から遠い常陸《ひたち》にあるのだろうか。そのカギを握るのが、十六世紀末、戦国争乱で荒廃した弘経寺を再興した照誉了学《しょうよりょうがく》である。了学は天文《てんぶん》十八年(一五四九)、千葉氏の重臣高城胤吉《たかぎたねよし》の子として生まれた。下総《しもうさ》の東漸《とうぜん》寺（千葉県松戸《まつど》市）の住持を務めていた時、関東に移封された徳川家康の知遇を得て寺領を安堵される。その後、荒廃した関東の浄土宗寺院の復興に努め、弘経寺を再興したのをはじめ、大多喜《おおたき》城（千葉県大多喜町）の城主本多忠勝《ただかつ》の依頼で城下に良信寺《りょうしん》（現・良玄寺《りょうげん》）を創建。この縁によって本多家では忠勝の孫忠刻、その妻千姫も了学に帰依するようになったという。

弘経寺が荒廃していることを知った千姫は、多くの寄進を行い伽藍《がらん》の復興を助けた。以後、弘経寺は関東十八檀林《かんとうじゅうはちだんりん》（幕府が定めた浄土宗の学問所）の一つとなり、そのなかでも上位の紫衣《しえ》檀林に位置づけられた。寛永《かんえい》三年（一六二六）、落飾した千姫は弘経寺を菩提寺と定め、了学に出家の戒師を依頼したという。寛文《かんぶん》六年、千姫が江戸城で亡くなると、遺骸は菩提寺である伝通院《でんづういん》（東京都文京区、開山は常陸出身の聖《しょう》冏《げい》）に葬られた。弘経寺には遺髪が納められたと伝えられてきたが、平成九年（一九九七）の修理の際、遺骨が納められていたことが判明した。千姫の持仏といわれる金銅阿弥陀如来《あみだにょらい》立像、千姫直筆の扁額《へんがく》、千姫の孫奈阿姫《なあひめ》が奉納した紺紙金泥《こんしこんでい》阿弥陀経などが寺宝として残されており、千姫の遺徳を今に伝えている。

Q27 常陸大津の御船祭で一〇トンの船を、車輪無しで街中を移動させる方法は?

北茨城市《きたいばらき》に約一〇トンもの巨大な御座船が地上を渡る勇壮な祭りがある。大津町《おおつ》の唐帰山《からかい》に鎮座する佐波波地祇神社《さわわちぎ》で、五年に一度行われる常陸《ひたち》大津の御船祭《おふねまつり》である。

佐波波地祇神社は平安時代の延喜式《えんぎしき》（平安期の法令施行細則）に載る式内社の一つで、古来、海上安全・漁業守護の霊社として尊崇されてきた。同社の加護で海難から救われた話が伝わっている。日本武尊《やまとたけるのみこと》が東征の折、大津の沖で遭難し海上を漂った時のこと。その夜、白衣の神人が夢枕に立ち「我は佐波波の神である。皇子の船を守るために現れた。すぐに順風にしよう」と告げた。日本武尊が目を覚ますと波は穏やかで、遠く陸の上に社が見えたので使者を送り幣《へい》を奉ったという。近くは徳川光圀《みつくに》の逸話もある。光圀が船で海上を漂った時、陸地の方に松の生い茂った唐帰山が見えたため、針路を定めて無事帰り着くことができたという。大津は水戸《みと》藩随一の漁港で、唐帰山はそのランドマークとして、航行する船が針路を定める際の目標とされたのだった。

大津御船祭の創始された時期は不明だが、江戸後期に現在の形になったといわれている。両側を海の幸で飾り、一〇〇メートル以上の綱につながれた御座船を、約三百人の若衆が舟歌や囃しに合わせて引いていく。およそ全長一五メートル、幅四メートル、重さ一〇トンもの船が、水上を進むように渡御する姿は圧巻だ。しかし、これだけ巨大な船を陸上で動かすのは容易ではない。いったいどのようにして運ぶのだろうか。

大津の御船祭(平成16年〈2004〉)。写真の家々は東日本大震災で多くが失われたが、祭は震災後も平成26年に行われた

一見、水上を進むように滑らかに進むが船底に車輪はない。ソロバンと呼ばれる井桁状に組んだ木枠を百丁も船の下に敷き、約二十人の若者が船べりにぶら下がって、左右に揺らしながら木枠の上を滑らせていくのである。華麗な御座船の渡御はもちろん、危険を顧みず船にとりつく若者たちの姿も必見だ。

Q28 徳川斉昭を失脚に導いた社寺改革は廃仏毀釈の先取りだった?

廃仏毀釈《はいぶつきしゃく》とは仏教を排斥する政策や行動のことだが、一般的には明治元年(一八六八)の神仏分離令を機に行われた寺院や仏像などの破壊活動を指す場合が多い。しかし、尊王攘夷《そんのうじょうい》運動の急先鋒だった幕末の水戸《みと》藩では、これに先立つ天保《てんぽう》十四年(一八四三)、烈公《れっこう》と呼ばれた徳川斉昭《なりあき》によって同様の政策が進められた。

水戸藩の社寺改革はこれがはじめてではない。古くは『大日本史《だいにほんし》』の編纂を主導し水戸藩の尊王路線論を明らかにした二代藩主徳川光圀《みつくに》の改革がある。多数の社寺が乱立し、迷信・邪信が横行していたのを憂えた光圀は、宗教界の秩序を保つために一村一社の制、葬祭儀礼の改革、破戒・不行跡の僧侶の追放・還俗などを断行した。

こうした寺院統制をさらに強力に推し進めたのが徳川斉昭だった。急進的な尊攘論者だった斉昭は、来るべき攘夷に備えて検地や新田開発、武備の充実、藩校の整備などの諸改革を進めた。一連の改革が将軍徳川家慶《いえよし》にほめられたことから自信を深めた斉昭は、大胆な寺社改革に踏み切る。寺社奉行に「仏なき国となり、神道を引きたてる改革を進めよ」と命じ、徹底した神仏分離・寺院整理を推し進めたのである。

改革は次のようなものだった。梵鐘・仏具・仏像を没収し、供出を拒んだ寺院は廃絶することとした。また、仏式の葬祭を廃止して神道による葬祭を奨励し、水戸東照宮《とうしょうぐう》（水戸市宮町《みや》）のすべての祭儀を神道に統一した。さらに、寺請け制度の廃止と氏子改め制度の確立をめざし、宗門人別帳《しゅうもんにんべつちょう》に代わる氏子帳の作成を村々に命じた。

一連のラディカルな政策は、水戸仏教界のみならず信心深い一般民衆の反発も招き、斉昭排斥の機運は急速に高まっていく。徳川家の菩提寺の一つ寛永寺《かんえい》（東京都台東区《たいとう》）をはじめとする江戸の有力寺院が幕閣や大奥に働きかけ、水面下で斉昭の失脚を画策。弘化《こうか》元年（一八四四）、斉昭の改革は幕命に反するという理由で謹慎・隠居を命じられ、家督を慶篤《よしあつ》に譲った。謹慎は間もなく解除されたが、黒船来航の国家的危機の中、幕府海防参与《かいぼうさんよ》としてふたたび政治の表舞台に立つまで、雌伏の時を過ごすこととなったのである。

茨城県
古写真帖②

昭和22年の土浦駅前風景

昭和22年(1947)ごろの西口駅前通り。昭和20年までの土浦は、一帯周辺に軍施設(Q12)を複数有し、“軍都”“海軍の街”の一面もあった。そのような土地柄で、形状から“軍艦型の駅舎”と、昭和11年10月から同56年12月まで長く市民に親しまれた旧土浦駅が奥に見える。左には手前から霞ヶ浦通運(現・ぷらっと＝旧・丸井土浦店)、駅貨物取扱所(現・りそな銀行土浦支店)が写る。道路中央には交通整理官の姿が見え、通勤時の風景と推測される。1930年代から1950年代まで、陸上輸送で多く見られた自動三輪車の姿も路上にある(土浦市立博物館蔵)。

第3章

茨城県の事件篇

合戦・事件など

第3章 事件を探る

武家の争乱と水戸藩が抱えた難問が発端

北関東に位置する茨城県は、古代以来、争乱の絶えない県であり、数多くの事件が知られている。

平安末期、関東一円に数多くの武士団が威勢を誇るなかで、北関東を代表する豪族といえば、佐竹《さたけ》氏になろう。佐竹氏は新羅三郎義光《しんらさぶろうよしみつ》を祖とする常陸源氏《ひたちげんじ》の嫡流で、その祖をたどると清和《せいわ》源氏を源流とする名門だ。十二世紀後半に鎌倉《かまくら》幕府が成立する前後、佐竹氏は源頼朝《みなもとのよりとも》に与しようとはしなかった。

その影響もあって、常陸国では八田知家《はったともいえ》が守護《しゅご》職を獲得するが、多くの豪族が勢力を伸ばす状況下において、磐石な体制を整えることは非常に困難であった。南北朝期に至ると、関東には室町幕府の出先機関である鎌倉府が設置される。トップは鎌倉公《く》方《ぼう》と呼ばれ、北関東の豪族はその統制下に入った。

佐竹氏はそのなかで抜きん出た存在であり、慶長《けいちょう》五年（一六〇〇）九月の関ヶ原《せきがはら》合戦まで、常陸を代表する戦国・豊臣大名であった。関ヶ原合戦後、佐竹氏は、減封のうえ秋田へ移り、一族の茨城県における長い歴史がひとまず終わる。

江戸時代になると、水戸《みと》藩が徳川家の御三家《ごさんけ》の一つとして入封した。ところが、水戸藩は当初から財政難に悩まされており、光圀《みつくに》の代にすでにピークに達していた。水戸藩では財政難を打開すべく、鋳銭《ちゅうせん》などに取り組むが、ことごとく失敗する（鋳銭反対一揆）。また、「助六《すけろく》一揆」などの反乱も起こった。

ところで、水戸藩は尊王攘夷《そんのうじょうい》で知られているが、文政《ぶんせい》七年（一八二四）には外国人による大津浜《おおつはま》の上陸事件が起こり、大騒動となった。その後も、丙辰丸《へいしんまる》（成破《せいは》）の盟約が長州《ちょうしゅう》藩と結ばれるなど、イデオロギー的な対決が続いたのである。

近代に至ると、さまざまな利権をめぐって、県議会で「山岳党」「河川党」が対立したり、教員の赤化問題が表面化する事件が起こり、思想統制に奔走した。負の側面といえるかもしれない。ただ、昭和六年（一九三一）に飛行家リンドバーグが霞ヶ浦を訪問し、世界的な注目を浴びることもあった。

Q29 平将門滅亡後も栄えた常陸の平氏とは？

平氏《へいし》といえば、まず思い出されるのは桓武《かんむ》平氏であろう。桓武平氏からは、のちに平清盛《たいらのきよもり》が平氏政権を築くこととなった。じつのところ、常陸《ひたち》平氏も、桓武平氏の流れを汲む武家として有名である。改めて、常陸平氏とは何かを考えておこう。

常陸平氏とは、常陸国に本拠を置いた高望王《たかもちおう》流・坂東平氏の一族の庶流であり、のちに惣領《そうりょう》家が大掾《だいじょう》氏を称することになり、代々「幹《もと》」を通字《つうじ》として名乗ったことで知られる。

昌泰《しょうたい》元年（八九八）、臣籍降下《しんせきこうか》（皇族がその身分を離れ臣籍に入ること）した高望王、平高望は上総介《かずさのすけ》に任じられ、坂東へと下向した。同行した長男・国香《くにか》は、常陸大掾源護《みなもとのまもる》（高望の前任）の娘を妻として迎え、護から常陸大掾の地位を継承し、常陸国筑波《つくば》山西麓の真壁《まかべ》郡東石田《ひがしいした》（筑西《ちくせい》市東石田）を本拠とした。

承平《じょうへい》五年（九三五）二月、国香は下総《しもうさ》を本拠とする甥・平将門《まさかど》と護の子扶《たすく》らの抗争に巻き込まれ落命した。この事件が、平将門の乱を巻き起こすことになる。

天慶《てんぎょう》三年（九四〇）、国香の長男・貞盛《さだもり》は、藤原秀郷《ふじわらのひでさと》らの援軍で将門の討伐に成功し、その戦功として、常陸国内に数多くの所領を獲得した。また、貞盛は、弟繁盛《しげもり》の子である維幹《これもと》を常陸に向わせている。

常陸に赴任した維幹は多気権大夫《たけのごんのだいぶ》と称し、同国筑波郡多気（つくば市北条《ほうじょう》）を中心に勢力を伸ばした。この維幹の流れが常陸平氏の端緒であり、歴代の後継者は大掾職を継承し、大掾（多気）氏と称したのである。

維幹の没後、長男・為幹《ためもと》がその後継者となった。次男・為賢《ためかた》は伊佐《いさ》氏を名字とし、のちに肥前《ひぜん》国（長崎県）に移って鎮西《ちんぜい》平氏の祖となった。この為賢の肥前土着は、刀《と》伊《い》の入寇《にゅうこう》（寛仁《かんにん》三年〈一〇一九〉に中国大陸から女真《じょしん》族とみられる集団が、九州北部に襲来した戦乱）に参陣し、その戦功で肥前に所領を得たことにはじまるとされる。

貞盛の養子で維幹の弟・維茂《これしげ》の一族は越後《えちご》（新潟県）に移住し越後平氏の祖となり、城《じょう》氏を称した。養和《ようわ》元年（一一八二）、いわゆる源平合戦の一つ、横田河原《よこたがわら》合戦で源義仲《よしなか》に敗れた城長茂《ながもち》は子孫である。弟・兼忠《かねただ》の子孫は信濃《しなの》平氏（仁科《にしな》氏）になったとの説がある。このように常陸平氏からは常陸を離れ繁栄した一族も輩出した。

茨城県域に目を戻すと、為幹の長男・重幹《しげもと》（「繁幹《しげもと》」とも）の代に至り、桓武平氏大掾流は多くの支族を成した。重幹の長男・致幹《むねもと》は、多気姓を受け継ぎ、致幹の長男・直幹《なおもと》の子息からは、下妻《しもつま》、東条《とうじょう》（Q19）、真壁《まかべ》（Q8）の庶家が成立する。

重幹の次男・清幹《きよもと》は、吉田《よしだ》を名字とし、その系統からは、石川《いしかわ》、行方《なめがた》、麻生《あそう》の庶家が誕生した。大掾氏宗家（多気氏）が八田知家《はったともいえ》の動きで衰える（Q30）と、この吉田氏の系統が大掾氏宗家として存続した。なお、この大掾氏宗家は、天正《てんしょう》十八年（一五九〇）、豊臣秀吉の小田原《おだわら》攻めの際、最後の当主が小田原に参陣せず、秀吉に臣従した常陸の戦国大名佐竹義宣《さたけよしのぶ》に攻め滅ぼされ、滅亡する。話を平安時代後期の清幹に戻すと、彼の娘は、源義光《よしみつ》（頼義の次男）の長男義業《よしなり》に嫁ぎ、佐竹氏の祖となる昌義《まさよし》を産んだことで知られる。

ところが、清幹は義業の弟・武田義清《たけだよしきよ》と争ったことがある。義清は常陸国那賀《なか》郡武田郷（ひたちなか市武田）に本拠を構えており、清幹とは勢力圏が接していた。この事件が契機となり、義清は甲斐《かい》国に追放された。甲斐源氏《げんじ》が誕生したのは、そうした事情による（Q４）。

重幹の三男・政幹《まさもと》は石毛《いしげ》（豊田《とよだ》）氏、末子・重義《しげよし》は小栗《おぐり》氏の祖となった。

この様に大掾流の平氏が常陸で一族を繁栄させるのと同様に、北総地域では、房総平氏（平忠常《ただつね》を祖とする）が勢力を広げており、すでにその威勢が常陸国まで及んでいた。平繁盛（常陸平氏）と、忠常の父忠頼《ただより》（房総平氏）は対立しており、平忠常の乱（長元《ちょうげん》元年〈一〇二八〉）に常陸平氏の維幹が出陣するなど、両者は決して良好な関係になかった。

「芳年武者无類　相模次郎平将門」（国立国会図書館蔵）。最後の戦い、北山（坂東市石井とも）の戦いの姿とされる

平貞盛は平将門の乱を機に名士の地位を確保した。常陸は、貞盛の後裔（後の大掾氏）が、その地位を受け継ぎ繁栄した地で、それを脅かすものとは武力で対峙したのである。やがて大掾氏は、佐竹氏とも、衝突していく。

Q30 常陸守護八田氏は常陸「大掾職」の兼帯を望んで失敗したのか？

平安時代末期、常陸国《ひたちのくに》の有力な豪族といえば、常陸源氏《げんじ》の佐竹《さたけ》氏であった。しかし、十二世紀の終わりころ、源頼朝《みなもとのよりとも》が武家政権である鎌倉《かまくら》幕府を成立させる前後から、にわかに様相は異なってくる。

治承《じしょう》四年（一一八〇）、打倒平氏《へいし》を旗印に掲げ、源頼朝が挙兵すると、同年十一月には常陸国の佐竹氏の討伐に向った。佐竹氏は、平氏に与していたからだ。当時、佐竹氏の当主隆義《たかよし》は在京していたので、子息の義政《よしまさ》・秀義《ひでよし》が頼朝と戦った。

しかし、義政は討死し、生き残った秀義は隆義の弟義季《よしすえ》の裏切りによって逃亡し、佐竹氏の常陸国奥七郡《おくしちぐん》（多珂《たが》郡・久慈東郡・久慈西郡・佐都東郡・佐都西郡・那珂東郡・那珂西郡）支配は、あっけなく終焉を迎えたのである。

頼朝は、常陸国奥七郡に側近の豪族を地頭《じとう》として置いた。それには理由があった。

一つ目の理由は、敵である平氏と佐竹氏を分断することである。二つ目の理由は、来るべき奥州藤原氏《おうしゅうふじわら》の平定を念頭に置いたものであった。

こうした状況下で、頼朝が常陸国守護《しゅご》に起用したのが八田知家《はったともいえ》だ。文治《ぶんじ》五年（一一八九）、念願の奥州藤原氏攻めの際には、知家は東海道大将軍に任命され、常陸国の有力な諸豪族を従えて出陣した。

奥州平定後の知家の動きは、機敏であった。建久《けんきゅう》四年（一一九三）五月、曾我《そが》兄弟が駿河《するが》国富士野《ふじの》で仇討ちに及ぶと、知家は出陣を拒否した大掾《だいじょう》（多気《たけ》）義幹《よしもと》が謀反を起こしたと頼朝に報告した。これにより、大掾惣領《そうりょう》家の多気氏は没落した（建久事件）。

ところが、知家の常陸国支配は十分なものではなく、幕府権力を背景にして、完全に掌握するのが悲願であった。知家の子息・知重《ともしげ》はかねてから「常陸大掾職」を希望していたが、安貞《あんてい》元年（一二二七）、その就任は「非分の望み」として退けられた。「常陸大掾職」は常陸国を治めるうえで、大きな権威だった。しかし、幕府は平氏と佐竹氏の分断や奥州平定を実現し、八田氏に同職を与える必要がなくなったのだろう。ここで、八田氏の野望はいったんストップした。

Q31 鉄砲が使われた手這坂の合戦はなぜ起こった？

十六世紀の半ば以降、常陸国太田城《ひたちのくにおおたじょう》（常陸太田市中城町《ひたちおおたしなかじょうちょう》など）主佐竹義重《さたけよししげ》は常陸国南部へ侵攻することを計画していた。その間、常陸国小田城《おだじょう》（つくば市小田）主小田氏治《うじはる》は自らの領土を失うなどの理由により、北関東進出を目指す北条氏に与した。そのような事情から、佐竹氏と小田氏との関係は悪化し、深刻に対立することになる。

永禄《えいろく》九年（一五六六）二月、上杉謙信《うえすぎけんしん》が小田氏の平定に乗り出すと、義重もそれに呼応した。客将である太田資正《すけまさ》とその実子梶原政景《かじわらまさかげ》は、常陸国片野城《かたのじょう》（石岡市根小屋《いしおかしねごや》）・柿岡城《かきおかじょう》（同柿岡）を与えられ、両城を拠点として小田氏攻めに動いたのである。

永禄十二年一月、佐竹勢は小田方の海老ヶ島城《えびしまじょう》（筑西市松原《ちくせいしまつばら》）で乱妨狼藉《らんぼうろうぜき》を行うと、同城を守る平塚刑部大輔《ぎょうぶたいふ》はあっけなく降参してしまった。勢いを得た佐竹勢は、すぐさま氏治の籠もる小田城を取り囲んだ。

そして、小田領内の村々の百姓の家に押し入って家財を強奪するなどし、さらに村々に放火も行っている。また、小田城下に侵攻して刈田《かりた》（他者の田畑の作物を武力で刈り取り奪うこと）を行うなどの作戦が功を奏し、結局、小田城は佐竹氏に接収されたのである。「小田仕置」の結果、太田資正が小田城を守ることになった（のちに梶原政景へ）。ところが、小田氏は、ただ黙ってみているわけではなかった。同年十月、氏治は事態を好転させるため、約三千の軍勢を率いて筑波山東麓の手這坂《てばい》（石岡市小幡《おばた》か）に出陣した。目標は、片野・柿岡の両城である。

受けて立つ太田勢は、わずか六百の兵しかおらず、まさしく決死の覚悟で戦いに臨んだのである。その際、手を差し伸べたのが真壁城《まかべ》（桜川市真壁町《さくらがわ》）主の真壁氏幹《うじもと》であった。両者は協力して、手這坂の小田勢を迎え撃つ。

このとき太田勢は、三十挺ほどの鉄砲を用いた。常陸国内の合戦で、鉄砲が使われたはじめてのケースであるといわれている。鉄砲の威力に驚いた小田勢は、続く真壁勢の攻撃を受けて敗走した。しかも、すでに梶原政景が小田城を攻略していたため、小田勢は小田城に戻れず、支城の常陸国土浦城《つちうら》（土浦市中央）に逃げ込んだのである。

Q32 下妻城主・多賀谷重経はなぜ所領を失い、その後どうなった？

多賀谷《たがや》氏は、鎌倉《かまくら》期以来の名門で、最初は結城《ゆうき》氏に仕えていたが、十五世紀後半から勢力を拡大。下妻城《しもつま》（下妻市本城町《もとしろ》など）を本拠とし、主家に対立できるほど多賀谷氏は発展し、自立化を模索して佐竹《さたけ》氏に接近するようになった。

永禄《えいろく》元年（一五五八）、多賀谷重経《しげつね》（初名尊経《たかつね》）は、政経《まさつね》の子として誕生した。この時、多賀谷氏は最盛期を迎える。天正七年（一五七九）四月十七日には、重経は織田信長に馬を送り、中央とも誼を通じた。

天正年間に至ると、北関東は上杉《うえすぎ》氏、北条《ほうじょう》氏などの侵攻によって、激しい戦乱の真っ只中にあった。重経は上杉謙信《けんしん》、佐竹義重《よししげ》と結び、小田《おだ》氏・岡見《おかみ》氏と戦った。そして、牛久《うしく》地方への侵攻を画策し、結城氏からの自立を実現すべく戦った。

天正十八年、豊臣秀吉による小田原《おだわら》攻めが勃発すると、重経は小田原に参陣し、秀吉軍として忍城《おし》（埼玉県行田市《ぎょうだ》）攻めに加わっている。

小田原攻め終了後の秀吉からの重経への処遇は、所領の一部（六万石とも）を認め、結城氏配下というものだった。自立化に失敗したこのころ、多賀谷家中では結城派、佐竹派の分裂状態が起きていた。重経は結城派である長男三経《みつつね》に所領を分与、下妻の自らの所領は佐竹義重の四男・宣家《のぶいえ》を養子に迎えて後継者とした。自立化のための結城・佐竹両属状態が、中央政権に否定され、家中は完全な分裂に至ってしまった。

文禄《ぶんろく》元年（一五九二）の文禄の役《えき》では、重経が出兵に協力しなかったために、所領の大半を失ったといわれている。また、慶長《けいちょう》五年（一六〇〇）の関ヶ原《せきはら》合戦では、佐竹氏に従って行動したため、結果的に改易処分を受けた（重経は隠居済みで後継者宣家が佐竹氏にともない秋田に移動したのに同行しなかったとの説もある）。

その後の重経は、縁故に銭や食糧をもらいながら、秋田・江戸・京と放浪したという。かつての家臣たちは、落ちぶれた重経を見捨てて、子の三経または宣家らの家臣になっていた。結局、誰からも相手にされなくなった重経は各地を流浪し、末子茂光《しげみつ》が仕官していた彦根《ひこね》で、元和《げんな》四年（一六一八）に病死した。

Q33 名君徳川光圀の闇、水戸藩老中手討事件とは?

水戸光圀《みとみつくに》といえば、テレビ時代劇「水戸黄門《こうもん》」でおなじみだ。全国各地を旅する「黄門様」が、悪党どもに葵の御紋が入った印籠《いんろう》を見せ、一気に事件を解決する様はじつに痛快である。しかし、それは光圀の真の姿ではなく、実際は別の顔を持っていた。ここでは、水戸藩老中手討事件を取り上げよう。

事件の主役の一人が藤井紋太夫《ふじいもんだゆう》(徳昭《のりあき》)である。紋太夫は生年不詳、そもそもは旗《はた》本荒尾久成《もとあらおひさなり》の四男であったが、のちに、親戚の老女で水戸徳川家に仕える藤井の養子となっている。その後、紋太夫は二代藩主である徳川光圀に小姓《こしょう》として仕え、重用されることになる。延宝《えんぽう》六年(一六七八)には小姓頭《がしら》、天和《てんな》元年(一六八一)には中《ちゅう》老《ろう》、そして貞享《じょうきょう》四年(一六八七)大番頭《おおばんとう》へと出世するところとなった。

やがて光圀が隠居すると、紋太夫は引き続き三代藩主綱条《つなえだ》に仕官した。元禄《げんろく》六年

（一六九三）には禄高八百石の大老《たいろう》となり、水戸徳川家に確固たる地位を築き上げたのである。ところが、ここで衝撃的な事件が起こる。紋太夫が大出世を遂げた翌年の元禄七年十一月二十三日、江戸小石川《こいしかわ》の水戸藩上屋敷（東京都文京区）で能会が催された。その場で突然、紋太夫は前藩主の光圀に刺し殺されたのだ。その真相は、いまだ明らかになっていない。

事件の舞台、水戸藩江戸上屋敷跡（都立庭園小石川後楽園。東京都文京区）

　紋太夫が光圀失脚を画策する柳沢吉保《やなぎさわよしやす》（幕府側《そば》用人《ようにん》）と通じていたことが理由とされることもあるが、それは講談、小説、時代劇などの逸話に過ぎない。光圀は財政に暗く（Q34）、水戸藩の財政を壊滅的な状況に追い込んでいた。それを憂いた紋太夫は、子々孫々のことを考えて、光圀を背後で隠退に追い込んだといわれている。それが、光圀の怒りを買ったのかもしれないが、事件の核心である手打の理由は、現在も判明していない。

Q34 水戸藩の「藩札」発行はなぜ失敗した？

元禄《げんろく》三年（一六九〇）、二代水戸《みと》藩主徳川光圀《みつくに》は引退し、綱条《つなえだ》が藩主の座についた。引退した光圀は、常陸太田《ひたちおおた》の郊外にある西山荘《せいざんそう》（常陸太田市新宿町《あらじゅくまち》）に移ったが、いまだ藩政には隠然たる力を持っていた。元禄十三年十二月六日、光圀はついに亡くなった。享年七十三。ところが、ここで大問題が発覚する。光圀の没後、藩の財政が危機的な状況にあることが、ついに露呈してしまったのだ。

じつは、水戸藩では初代藩主頼房《よりふさ》の代から厳しい財政状況にあったが、それを引き継いだ光圀は一気に加速させた。その要因の一つは、あの有名な歴史書『大日本史《だいにほんし》』の刊行である。とにかく編纂のために、藩の収入の大半を注ぎ込んだといわれている。光圀も財政改革を試みたが、もはや焼け石に水であった。

そのような事情もあって、元禄十六年から宝永《ほうえい》六年（一七〇九）にわたって、綱条は殖産興業政策、諸役人の整理、冗費の節減、年貢の増徴や新田開発、運河の開削などの藩政改革を断行する。財政好転のための数多くの政策が実行された。藩札の発行もその一つであった。

元禄十四年、安田文左衛門《やすだぶんざえもん》なる人物が招聘され、二年後には藩札の発行が計画された。宝永元年の布達には、①水戸藩での通貨不足の解消、②勝手向き不如意と諸士の生活困窮を救うため、という理由が記されている。

早速、水戸藩では、「紙金拵所《かみきんこしらえどころ》」を水戸城内に開設した。藩札の発行には、水戸藩の担当役人のほか、城下町の有力商人らが携わった。こうして藩札の発行が進められたが、大問題が発生する。それは、贋札が出回ったことである。たちまち市場は大混乱し、水戸藩では技術改善と品質向上を図るため、担当者を処罰した。しかし、それも効果がなく、宝永四年には江戸幕府から藩札の発行停止命令が出された。じつは幕府でも財政状況が厳しくなり、多量の金銀貨の改鋳を行っていたが、市場で新しい鋳貨がうまく流通せず藩札の発行を止めさせたのだ。結局、贋札問題が失敗の原因になったといえよう。

Q35 水戸藩で起こった「鋳銭反対一揆」とは?

Q34でも触れたとおり、水戸《みと》藩ではずっと財政難に苦しんでおり、なかなか好転することができずにいた。そうした状況下、水戸藩は鋳銭《ちゅうせん》により事態を打破しようとした。当時、鋳銭は一部の都市でしか認められていなかったが、それを請け負うことにより、収入を得ようとしたのである。

水戸藩が鋳銭事業の許可を幕府から得たのは、明和《めいわ》五年(一七六八)のことである。水戸藩は三か年という期限付きで、江戸銭座《ぜにざ》のもとにおいて、年額十万貫《がん》を鋳造することになった。銭の原料には、領内の砂鉄が使われた。この事業を考えたのは、小沢九郎兵衛《おざわくろうべえ》という太田《おおた》村(常陸太田《ひたちおおた》市)の商人で、当時、村役人を務めていた。彼が、金座《きんざ》の後藤庄三郎《ごとうしょうざぶろう》と交渉し、自ら事業を請け負う形でスタートしたのである。

同年七月、太田村木崎に鋳銭場(常陸太田市山下《やました》町。常陸太田駅あたり)が設けられ、四か月後の十一月から鋳銭を開始した。水戸藩には一年で五千両の冥加金《みょうがきん》（雑税の一種）が上納され、幕府に鋳造高の十分の一が納められた。事業には二、三千の人が従事した。この事業で銭不足は解消したが、すぐさま銭相場は下落し（貨幣流通量の増加）、危機的な状況に陥った。同時に物価上昇が深刻な問題となり、多くの人びとは鋳銭事業に不満を抱いた。

明和八年四月十日、静神社《しずじんじゃ》（那珂《なか》市静）で祭礼があった。祭礼では、同社の神輿が平磯《ひらいそ》（ひたちなか市平磯町）の海岸まで出向くので、農民たちは祭礼を利用して暴動を起こし、鋳銭場の不満を解消しようとした。祭礼の前日、五千から六千もの人びとが静神社に殺到して神輿を担ぎ出すと、平磯には行かず太田村へと向った。水戸や湊《みなと》（那珂湊《なかみなと》。ひたちなか市湊中央など）の人びとも加わり、その人数は三万八千に膨れ上がった。彼らは鋳銭場に到着すると、内部を打ち壊し、ついには放火に至ったのである。

人びとの襲撃により、鋳銭場は全焼。重傷者百余名、死者は四十五名に達したのである。結局、水戸藩は鋳銭場の小沢九郎兵衛を罷免し、鋳銭事業を直営した。しかし、以後も休止などを繰り返し、安永《あんえい》六年（一七七七）で役割を終えたのである。

Q36 志筑本堂氏領で起こった「助六一揆」の原因とは？

江戸時代には、かすみがうら市の一部が旗本本堂氏《はたもとほんどう》の所領として支配されていた。大名に準じる格式の本堂氏であったが、石高はあくまで大名よりも低かった。しかし、本堂氏は大名並の重い年貢や雑税を農民に要求し、さらに稲吉宿《いなよしじゅく》（かすみがうら市下稲吉《しもいなよし》）の助郷役《すけごうやく》の負担も課した。

助郷とは、街道の宿駅で継ぎ送る人馬に支障がある際、人馬を提供させられる周辺の郷村や、その課役である。十七世紀初頭の東海道で見られ、同後半には特定の村が助郷に指定された。やがて主要街道のほかにも広がり、農民の負担は拡大した。それゆえ、その負担に耐えかねた農民たちは、たびたび一揆を起こしている。

安永《あんえい》二年（一七七三）、農民たちは年貢に加え、助郷役の負担が重荷になった。そこで、ついに稲吉宿では、他領の村にも負担の分担を求めるよう幕府に願い出て、最終的に二十六か村で二百両の金を集めた。稲吉宿はその利子により、人馬を雇うことが可能になったのだ。

ところが、本堂氏はこの二百両を勝手に取り上げる暴挙に出たため、安永七年、怒った農民は助六《すけろく》一揆（「安永の一揆」とも）を起こした。

同年十二月、各村に一揆を呼びかける懸札が掲げられた。懸札をしたのは、下佐谷《しもさや》村（かすみがうら市下佐谷）の名主総代・助六、上佐谷《かみさや》村（同上佐谷）の六郎治《ろくろうじ》、高倉《たかくら》村（同高倉）の庄右衛門《しょうえもん》の三人である。結果、二十五か村の農民が呼応し、嶋木原《しまきがはら》（四万騎原《しまきがはら》）に集まった。かなりの大規模になった。

農民たちは本堂氏に対し、十三か条の要求を行ったが拒否されたため、彼らは本堂氏の江戸屋敷へ強訴したのである。このため、強訴におよんだ指導者が捕らえられたが、翌年九月十六日に助六だけが打ち首獄門になった。

一揆は助六だけが打ち首になったため、「助六一揆」と呼ばれるようになった。助六の遺徳を偲び、その霊を弔うため、「助六地蔵」を閑居山《かんきょ》（かすみがうら市・石岡市）に築いたのである。

Q37 水戸藩を震撼させた大津浜「異人」上陸事件とは?

幕末期を迎えると、日本の近海には異国船が姿をあらわすようになった。文化《ぶんか》四年(一八〇七)以後、水戸《みと》藩領沿岸にも異国船はたびたび出没し、水戸藩では海上の防衛に努めるようになった。

しかし、文政《ぶんせい》七年(一八二四)五月二十八日、大津《おおつ》(北茨城《きたいばらき》市大津町)の浜に、十二名の異人が上陸、急行した藩の役人が異人を拘束するという前代未聞の事件が起こった。派遣された水戸藩士で学者の会沢正志斎《あいざわせいしさい》や幕府役人の取り調べで、異人はイギリス人の捕鯨《ほげい》船員で、水や食糧を補給のため上陸しただけだったことが判明。幕府役人の指示で水や食糧を与え、六月十一日にイギリス人は解放されて、いったん事件は解決した。

ところが、水戸学者藤田幽谷《ふじたゆうこく》門下の学者たちは、上陸した異人の本当の目的が日本の侵略のためであると主張した。そして、幕府の一連の措置について、弱腰と非難したのである。異人上陸事件は、水戸藩で攘夷《じょうい》思想が拡がるきっかけになった。異国人の取り調べに参加した幽谷の門下である会沢正志斎は、翌文政八年、『新論《しんろん》』を執筆し、藩主斉脩《なりのぶ》に献上した。斉脩は幕府を恐れ公表しなかったが、同書は非公式に刊行され、尊王《そんのう》攘夷思想に大きな影響を与えた。

また水戸藩は自領の沿海防備（海防《かいぼう》）の必要性を痛感。有事の人員動員のため、海防農兵（郷足軽《ごうあしがる》）を設け、沿海の川尻《かわじり》（日立《ひたち》市川尻町）などに詰めさせた。さらに海防に関心の高い斉昭《なりあき》が藩主になると制度強化が図られ、家老山野辺義観《やまのべよしみ》を沿海地に知行換えし、現地の屋敷（実質的な城郭）に居住させるなどの海防策がなされた。

このように、食糧補給という些細な理由から起きた異人上陸事件は、茨城県内外に大きな波紋を与えた事件だった。

なお、山野辺の居館は、新規築城が幕府に禁止されているなか、「屋敷構え」という名目で許可を得た異例のものであった。日立市助川《すけがわ》町の助川小学校周辺に立地し、現在は県史跡の助川海防城跡として本丸跡が公園となっている。

Q38 水戸藩と長州藩との密約・丙辰丸(成破)の盟約とは?

水戸《みと》浪士が大きく関わった桜田門外の変が起こると、水戸藩との提携を図ろうとする諸藩の尊王攘夷《そんのうじょうい》派志士が生じた。その一つが長州《ちょうしゅう》藩で、万延《まんえん》元年(一八六〇)七月、丙辰丸《へいしんまる》(成破《せいは》)の盟約が締結された。「丙辰丸の盟約」とは、長州藩士と水戸藩士らが幕政改革について結んだ密約であり、「水長盟約」または「成破の盟約」とも称されている。

盟約に関わったのは、水戸藩士が西丸帯刀《さいまるたてわき》、岩間金平《いわまきんぺい》、園部源吉、そして結城《ゆうき》藩士の越惣太郎《こしそうたろう》。長州藩士は軍艦丙辰丸艦長の松島剛蔵《まつしまごうぞう》、桂小五郎《かつらこごろう》であった。両者の仲介役は、佐賀《さが》藩士の草場又三が務めている。交渉場所として選択された長州の軍艦丙辰丸は、当時練習航海をしており、江戸湾に停泊中であった。丙辰丸が選ばれたのは機密保持のためであり、彼らが会合した理由についても、表向きは水戸産の大豆と長州産の塩との取引交渉と称されていた。つまり、「丙辰丸の盟約」は、秘密裏のうちに進められようとしたのである。

盟約の内容は、両藩が協力し早急に幕政改革に取り組むというものである。会談では、〝雄藩による幕政改革の建言〟（＝「成」）と〝（桜田門外の変同様の）暗殺などの過激活動〟（＝「破」）の二者択一を西丸が桂に問うた。桂が混乱に乗じ改革を進める方（「成」）を選び、水戸藩が破壊工作（「破」）担当となった。目的自体は幕藩体制を破壊する倒幕《とうばく》運動ではなく、あくまで幕政改革の実行にあった。しかし、かなり急進的なものであったといわれている。

盟約が締結されたものの、実行に必須の両藩の中枢の協力は得られなかった。長州藩では、尊王攘夷派と開国佐幕《かいこくさばく》派が争い、開国佐幕派の長井雅楽《ながいうた》による航海遠略策《こうかいえんりゃくさく》が藩是となったのだ。

また、水戸藩では、尊王攘夷派と開国佐幕派の抗争が長く続き、この考えが藩の方針となることはなかったのである。さらに、このころ幕末政界の要人だった徳川斉昭《なりあき》が死去、藩主慶篤《よしあつ》も謹慎中と、藩を挙げた活動が難しい時期でもあった。

Q39 天狗党はなぜ最後の決戦「部田野原合戦」に敗れたのか？

元治《げんじ》元年（一八六四）三月、水戸《みと》藩の尊王攘夷《そんのうじょうい》派の藤田小四郎《ふじたこしろう》・竹内百太郎《たけうちひゃくたろう》らは、町奉行《まちぶぎょう》田丸稲之衛門《たまるいなのえもん》を首領とし、湊《みなと》（那珂湊《なかみなと》。ひたちなか市湊中央など）、小川《おがわ》（小《お》美玉《みたま》市小川）、潮来《いたこ》（潮来市潮来）などの下級藩士・郷士・村役人・一般農民らを糾合して筑波《つくば》山で挙兵した。これが「天狗《てんぐ》党」だ。江戸幕府は一貫して天狗党の鎮圧を方針とし、水戸藩も基本的に同じ態度をとった。やがて幕府は追討軍を派遣し、弾圧に乗り出した。常総地域は、一気に混乱に陥ったのである。

同年十月十日、幕府正規軍、近隣諸藩軍、水戸諸生《しょせい》党の部隊で構成された追討軍は、天狗党を追討した。両者の決戦は、部田野原《へたのはら》（ひたちなか市）で行われた。両軍が激しく戦った結果、追討軍は天狗党に敗北を喫した。

大敗した追討軍は、再び十月十七日に部田野原に出陣し、天狗党に総攻撃した。天狗党は部田野原の側面に迂回して追討軍を攻撃し、二回目の部田野原の戦いでも大勝利を得た。翌日、追討軍は大軍で天狗党に総攻撃を加えたが、結果はやはり敗北であった。敗れた追討軍は、調略により天狗党を混乱させることとした。天狗党の勢力は三派に分かれていた。追討軍は榊原新左衛門《さかきばらしんざえもん》が率いるそのうちの一派、大発勢に通じると、ほかの二派である筑波勢、武田勢から寝返るように呼び掛けた。条件は、追討軍に従えば斬首などの極刑を科さず、蝦夷地《えぞち》（北海道）開拓などに従事させるというものであった。

検討している最中、争乱を鎮めるため奔走した水戸藩主名代《みょうだい》の松平頼徳《まつだいらよりのり》が切腹させられた情報が伝わり、策略ではないかという意見も出た。しかし、追討軍に大発勢が賊軍として討たれるのは本意ではないということで、ついに追討軍に降伏した。

十月二十三日、榊原らは追討軍に与したが、ほかの天狗党の面々は大発勢の不満分子から情報を得てすでに逃げ出していた。その後、榊原新左衛門ら大発勢は、下総古河藩《しもうさこがはん》など二十二藩に預けられ、翌慶応元年四月に仲間ら四十三名と新左衛門は切腹を命じられた。享年三十二。

Q40 発足間もない県議会で「山岳党」「河川党」が対立したのはなぜ？

明治八年（一八七五）五月、旧茨城県（おおむね現・県央と県北）と新治《にいはり》県（同・県南部）、千葉県の一部（同・県西部）が統合され、現在の茨城県が生まれた。明治十一年七月に府県会規則が制定され、全国に「府県会」が創設されると、翌年三月に茨城県でも初の県会議員の選挙が行われた。そして、四十五名の県会議員が選出され、同年四月五日に第一回の県会が水戸《みと》の茨城師範《しはん》学校で開催された。

ところが、県会では各議員の出身地域の利害対立が表面化し、なかでも県北出身の議員（山岳党）と県南・県西出身の議員（河川党）の対立により、たびたび県会が紛糾した。のちに県会の諸制度が整備されると、県会議員の発言力は次第に強くなった。

明治十三年、県会で河川党の飯村丈三郎《いいむらじょうざぶろう》は川除《かわよけ》堤防費の予算計上を土木費審議で提案したが、山岳党議員らは、費用節約や受益者公平化の原則に反するとの理由で否決した。翌年、県は県会に治水費として一万八千十六円を提案したが、半額の九千円案を提出したのが山岳党の加倉井敬次郎である。結局、半減の提案が採決され、ついに覆ることはなかった。

明治十四年の県会終了後、県南・県西部から選出された河川党議員は、分県運動を起こした。分県する地域は、筑波《つくば》、真壁《まかべ》、結城《ゆうき》、豊田《とよだ》、岡田《おかだ》、信太《しだ》、河内《こうち》、新治、西《にし》葛飾《かつしか》、猿島《さしま》、北相馬《きたそうま》の十一郡であり、地理上の問題や利害関係が理由であった。その後、分県運動は揉めに揉めて、収拾がつかなくなった。

明治十五年三月の臨時県会で、山岳党の黒沢四郎介は、西葛飾郡と信太郡の議員定員を一人ずつ減らす動議を出した。しかし、この提案は山岳党に有利なもので、河川党議員は退場し、結局この動議は取り下げられた。その後、河川党の飯村丈三郎は中立派を味方に引入れ、結城・豊田・岡田各郡の議員定数を一人ずつ増すという動議を提案し了承された。結果、山岳党議員ら十九名が県議を辞職したのである。

このように予算、分県、議員定数の問題は長く尾を引き、茨城県の政治を停滞させることになったが、背景には「山岳党」と「河川党」との対立があったのだ。

Q41 リンドバーグ夫妻が乗る飛行機「シリウス号」が霞ヶ浦に着水したのはなぜ？

チャールズ・リンドバーグ（一九〇二～七四）は、アメリカの飛行家として知られている。その名を轟かしたのは、一九二七年にプロペラ機「スピリット・オブ・セントルイス号」で、世界ではじめてニューヨーク～パリ間の単独無着陸飛行に成功したことによる。

ところで、このリンドバーグは、意外なことに茨城県とも縁がある。昭和六年（一九三一）、リンドバーグは水上飛行機シリウス号に乗り、妻アンとともに北太平洋横断飛行に臨み、その途中日本に立ち寄った。リンドバーグはニューヨークを出発すると、アラスカ、アリューシャン諸島などを経て、八月二十四日に根室《ねむろ》、同二十六日は霞《かすみ》ヶ浦《うら》に到着したのである。

二十六日の午後二時過ぎ、霞ヶ浦の海軍飛行場にリンドバーグ夫妻の乗った水上機

土浦駅前で大歓迎を受けるリンドバーグ夫妻（土浦市立博物館蔵）。夫妻は後列両端で中央はフォーブス

が着水。ここまでリンドバーグは、距離にして約一二〇〇〇キロメートル、時間にして八十時間三十三分もの飛行をしていた。飛行場には、二人を出迎えるべく、駐日アメリカ大使フォーブス、海軍大臣安保清種《あぼきよかず》、逓信《ていしん》大臣小泉又次郎《こいずみまたじろう》をはじめ、多くの人びとが集まっていた。ちなみに、霞ヶ浦で出迎えた小泉又次郎の養子（娘婿）は、国務大臣を務めた小泉純也《じゅんや》であり、その子が内閣総理大臣になった小泉純一郎《じゅんいちろう》である。

　リンドバーグ夫妻は、その後、大阪、福岡に立ち寄り、大歓迎を受けた。そして、九月十九日に中国へ向ったのである。リンドバーグ夫妻らの訪問によって、霞ヶ浦飛行場は世界から注目され、東洋一の航空基地と称された。

Q42 尊王県で起きた教員赤化事件の背景とは?

一九三〇年代、茨城県の教育界に衝撃をもたらしたのが、「教員赤化事件」である。当時、共産主義的な思想が問題視されており、茨城県に止まらず全国の各県でも同じような事件が起こっていた。多くの人びとが共産主義的な思想に魅了されたが、教職者に対する思想対策は、いっそう厳しさを増しつつあった。昭和七年(一九三二)七月十五日、県知事は各学校に訓令《くんれい》を発布した。その内容は、建国精神に基づいた尊王《そんのう》愛国思想を広め、民衆の思想を矯正することが教職者の務めであるというものである。

県知事の訓令の内容や思想対策は、小学校や中等学校の校長会議を通して、各教員に周知徹底された。こうした状況下の昭和八年六月下旬から七月にわたって、小松克男(現・土浦《つちうら》市の小学校勤務)、大森三郎、清水信(現・鹿嶋《かしま》市の小学校勤務)ら十二名の教員が、新興教育同盟準備会茨城支部結成の容疑をかけられた。そして、治安維持法違反でいっせいに彼らが逮捕されたのである。この事件は、茨城県の教育界を震撼《しんかん》させたのであった。

新興教育同盟とは、国定教科書反対、プロレタリア教育の建設、教員の生活擁護などの方針をかかげ、昭和五年八月に日本教育労働者組合と一体となって合法的に研究・宣伝・啓蒙活動を行う機関として設立された組織である（当初は「新興教育研究所」）。労働運動と一体化した流れは、全国に波及していた。

小松らの教育は、当時の恐慌下で荒廃した農村の姿を直視し、生徒の批判力と認識力を養成することを目的とした。そのため、労働賃金に実際の数値を用いるなど（教科書では恐慌以前の数値を記載）、教材の検討に力を入れていた。現実に目を背ける教育に疑問を呈し、恐慌にともなう実態を反映させたのだ。

茨城県の教育界は「歴史的伝統的な国民的な自覚を誇って」いたこともあり、この事件を「大汚点」「一大痛恨事」と考えていた。以後、茨城県は、教員に思想問題講習会に参加させるなど、種々の対策を採ることになった。

茨城県
古写真帖③

古河・電話局

明治40年（1907）、古河に電信電話が開通したのを記念した絵葉書で、右側に大きく写る唯一の洋風建築が電話局（現・いばらきIT人材開発センタービル）。写真の通りは、現・古河市中央町2丁目付近の街並で、古河駅近くの本町2丁目交差点から伸びる現・茨城県道9号線を西から東を向いて撮影されたもの。この通りはかつて古河城（Q7）の正門である大手門前を東西に貫く、城下の大通りの1つであった。電話局の前には、笠を被った車夫が曳く人力車が見える（「古河電話開通紀念其一〈郵便電信局〉」。古河歴史博物館蔵）。

第4章

茨城県の人物篇

出身とゆかりの人たち

第4章

こんな人がいた！

あふれるほど多数の人材を輩出した茨城県

茨城県の歴史を紐解けば、じつに多彩な人びとが県域と関わり、また県域からもユニークな人材を日本史上に輩出している。それらの人びとにスポットをあてるのが本章のテーマなのだが、もちろん全員を紹介できるわけではない。そこで、ここでは本章に収録しきれなかった個性あふれる県域出身者を、紙面の許す限り見ていこう。

まずは室町後期の画僧雪村《せっそん》。佐竹《さたけ》氏の一族として太田《おおた》地方（常陸太田《ひたちおおた》市）に生まれ、出家して禅僧《ぜんそう》になってからは、雪舟に私淑して秀逸な作品を残した。本章で紹介する岡倉天心《おかくらてんしん》と横山大観《よこやまたいかん》は早くから雪村の存在に注目し、「雪舟《せっしゅう》と並ぶ東洋の画聖」と評価したという。また、佐竹氏のつながりでいえば、北関東に覇を唱えた戦国大名佐竹義重《よししげ》と義宣《よしのぶ》の父子も忘れてはいけないだろう。太田城（常陸太田市中城《なかじょう》町など）を居城に、父子二代で常陸国の大半を領有するにいたった。とくに義重はその勇猛さから

「鬼義重」と呼ばれて恐れられたという。

続く江戸時代には、「地図」に関係した人びとの活躍が華々しい。世界地図にその名を残す探検家間宮林蔵《まみやりんぞう》の存在はあまりにも有名である。また、本章では沼尻墨僊《ぬまじりぼくせん》という人物を紹介しているが、ほかにも日本で最初に経緯線入り地図「改正日本輿地路《かいせいにほんよちろ》程全図《ていぜんず》」を発表した農民出身の地理学者長久保赤水《ながくぼせきすい》が注目される。彼の日本地図はのちに伊能忠敬《いのうただたか》がより正確な地図を完成させるまで水戸《みと》赤水図として全国に広まった。

その他、江戸時代の県域出身者でユニークな人物としては、飯塚伊賀七《いいづかいがしち》の名が挙げられる。谷田部《やたべ》藩（つくば市谷田部）領の名主の家に生まれ、生涯発明に熱中し、ついたあだ名が「からくり伊賀七」。近所に酒を買いに行くからくり人形や、足踏み式の人力飛行機など、人びとを驚かせる発明をしたと伝えられている。飛行機の飛行実験を藩に願い出た時には、「殿の頭上を飛ぶなどけしからん」と却下されたという。

詳しく紹介できないのが残念だが、近代以降も、童謡『赤い靴』など多くの名作を残した詩人野口雨情《のぐちうじょう》や、アララギ派の代表的歌人長塚節《ながつかたかし》、『仁義なき戦い』で知られる奇才の映画監督深作欣二《ふかさくきんじ》など、県域出身者の活躍は枚挙にいとまがない。

Q43 孝謙上皇の側近から「筑波国造」に上り詰めた竹波命婦とはどんな人？

竹波命婦《つくばのみょうぶ》は、『続日本紀《しょくにほんぎ》』に名前のある「壬生連小家主女《みぶのむらじこやかぬしめ》」と同一人物と推定される、筑波国《つくばのくに》（常陸成立前の国造国《こくぞう》）出身の采女《うねめ》である。生没年はわからない。采女とは、地方豪族が朝廷への従属の証として差し出した女性で、朝廷内では女官として天皇や皇后に仕え、食事などの日常生活の世話をした。大化《たいか》の改新前代の筑波国造《くにのみやつこ》の系譜をひく壬生連の家に生まれた竹波命婦も、そんな采女の一人として天皇家に仕えていた。竹波命婦が仕えたのは、恵美押勝《えみのおしかつ》（藤原仲麻呂《ふじわらのなかまろ》）の乱や道鏡《どうきょう》事件などで知られる女帝孝謙《こうけん》天皇であった。竹波命婦の名前は、平城京《へいじょうきょう》跡から出土した、天平宝字《てんぴょうほうじ》六年（七六二）ごろに書かれたとされる木簡《もっかん》に見られる。その内容は、当時、平城京の東の法華寺《ほっけじ》（奈良県奈良市）にいた竹波命婦が平城宮内の宮内省大膳職《くないしょうだいぜんしき》（食糧担当者）に小豆《あずき》や醤《ひしお》、酢《す》、末醤《まっしょう》などを請求するというものだ。ちなみに、醤とは、大豆や小麦などと塩を合せてつくる食品であり、調味料や嘗物《なめもの》として利用された。今日の味噌や醤油《しょうゆ》のルーツである。また、末醤は豆粒が残った状態の醤であり、これが「未醤《みしょう》」と誤記されて、次第に「味噌」に変化していったともいわれる。

ところで、この時、なぜ竹波命婦が平城宮ではなく法華寺にいたのかというと、藤原仲麻呂の擁する淳仁《じゅんにん》天皇と対立した孝謙天皇（当時は上皇）がここを御在所《ございしょ》に定めていたからである。その後、天平宝字八年に仲麻呂が反乱を起こして死に、淳仁天皇が廃されると、孝謙天皇は称徳《しょうとく》天皇として再即位（重祚《ちょうそ》）した。すると、この即位にともなって、竹波命婦は掌膳《かしわでのかみ》（天皇の食事を司る役職）として称徳天皇に仕えるようになる。そして、神護景雲《じんごけいうん》元年（七六七）には「宿禰《すくね》」の姓を賜わり、同二年には筑波国造に任じられるなど、孝謙天皇の政界復帰とともに彼女も出世を重ねていったのだった。称徳天皇没後の宝亀《ほうき》七年（七七六）には、正五位下《しょうごいのげ》を授けられた。

補足しておくと、「国造」といっても、大化前代のように、彼女が筑波の支配者になったわけではない。当時の国造は一国に一人ずつ置かれ、主に地方祭祀を担当する官職であった。つまり、竹波命婦は筑波で最高の宗教的権威になったのである。

Q44 剣の道に生きた塚原卜伝は、鹿島神宮神職の生まれ!?

塚原卜伝《つかはらぼくでん》といえば、戦国時代の大剣豪としてその名が知られているが、彼の生涯はさまざまな伝説に彩られているため、不明な部分が多い。

卜伝は延徳《えんとく》元年（一四八九）、常陸国《ひたちのくに》鹿島《かしま》（鹿嶋《かしま》市）に生まれた。父は常陸鹿島神宮の祝部《はふりべ》（神主・禰宜《ねぎ》より下の神職）卜部覚賢《うらべあきかた》であり、卜伝はその次男であった。幼名を朝孝《ともたか》といい、幼い頃、近郷の塚原城（鹿嶋市沼尾《ぬまお》）の城主で、父の友人でもある塚原土佐守安幹《とさのかみやすとも》が嫡子を亡くしたため、その養子となった。

ところで、卜部家では「鹿島の太刀《たち》」という古くから伝わる剣術を代々継承してきた。卜伝も生家では父覚賢から「鹿島の太刀」を学び、さらに養子先の塚原家では養父安幹から「天真正伝香取神道流《てんしんしょうでんかとりしんとうりゅう》（室町中期に飯篠家直《いいざさいえなお》が創始した、日本の武道の源流の一つ）」を学んで剣の腕を磨いたという。そして、その後は、十六歳、三十五歳、六十八歳と三度にわたって廻国修行の旅に出たが、真剣勝負十九回、戦場に立つこと三十七回に及び、一度も不覚をとらず、受けた傷は矢傷の六か所のみ、という恐るべき戦績を残したと伝えられている。ちなみに、最初の真剣勝負は、京都清水寺《きよみずでら》周辺で武士に絡まれている老女を助けようとして行われたらしい。また、第二回の廻国修行では、琵琶《びわ》湖の船上で真剣勝負を挑んできた血気盛んな若者に対し、勝負を受けるふりをして岸に置き去りにした有名な逸話がある。戦わずして勝つ「無手勝流《むてかつりゅう》」の極意として講談などで好んで取り上げられる話だが、卜伝が実力にものをいわせる粗暴な剣術家ではなく、無駄な争いを避ける、知恵に富んだ人物だったことを伝えている。

当然、そんな卜伝に弟子入りを希望した者は多く、彼の弟子には、諸岡一羽《もろおかいっぱ》や斎藤伝鬼房《さいとうでんきぼう》など、のちに一派を興した剣術家のみならず、足利義輝《あしかがよしてる》、細川藤孝《ほそかわふじたか》、北畠具教《きたばたけとものり》、山本勘助《やまもとかんすけ》といった錚々《そうそう》たる面々が名を連ねる。卜伝が創始した剣術流派は「(鹿島)新当流《しんとうりゅう》」などと呼ばれ、北畠具教には秘伝の奥義「一の太刀」が伝授されたという。

晩年の卜伝は塚原城内の草庵で暮らし、元亀《げんき》二年(一五七一)三月、近所に住む甥松岡兵庫助則方《まつおかひょうごのすけのりかた》の屋敷で死去した。八十三歳であった。

Q45 水戸藩「宝永の改革」を主導した浪人松並勘十郎はどうなった?

江戸時代も中ごろになると、御三家《ごさんけ》の一つである水戸《みと》藩も他藩の例にもれず、財政難に苦しむようになった。そのため、宝永《ほうえい》三年(一七〇六)九月、藩当局は松並勘十郎《まつなみかんじゅうろう》という浪人を登用して、藩政改革に着手する。勘十郎は、もとは京都で浪人をしていたが、財政再建の手腕を買われて、これまで三河《みかわ》(愛知県)の旗本《はたもと》領や大和郡山《やまとこおりやま》藩(奈良県)、三次《みよし》藩(広島県)、棚倉《たなぐら》藩(福島県)などを渡り歩き、各地で藩政改革を請け負って成果を上げてきた。つまり、今日の経営コンサルタントのような存在というわけだ。勘十郎は、同じく元浪人で、藩の改革担当者だった清水仁衛門《しみずじんえもん》の推薦で二人の子供とともに水戸藩に仕えるようになり、二百人扶持で迎えられたという。

しかし、各地で成果をあげたという勘十郎の手法は、財政再建のためなら領民に重い負担を強いることも辞さないという、厳しいものであった。実際、三次藩、棚倉藩にいた時には一揆を招いて追放されたほどだ。だが、勘十郎は水戸藩においてもそのスタイルを変えなかった。たとえば農村への種籾《たねもみ》の貸し付けを廃止したほか、それまで藩の費用で行われてきた工事を領民に負担させるなど、徹底した支出削減を行ったのである。また、一方では、新田開発や運河の開削、城下町での商売の規制緩和など、領内経済を活性化させる政策を実施しようとした。しかし、重労働を強いられる農民や既得権益を失う商人、さらには保守派の藩士にも反対されてうまくいかなかった。とくに重税下で強行された運河開削事業をきっかけに、宝永五年十二月、大規模な百姓一揆が起こり（宝永一揆）、勘十郎の改革は頓挫したのであった。

この一揆を受けて、水戸藩は宝永六年一月、松並父子の罷免を決定する。改革を主導した勘十郎に全責任を負わせて、一揆の要求どおりに改革を中止し、すべてを改革前の状態に戻したのである。松並父子と、彼らを推薦した清水を除けば、この一揆で厳しく罰せられた者はいなかった。一方、我が身の危機を察した松並父子はその日の夜に江戸を離れ、しばらく身を隠していたが、同年五月に捕えられ、水戸の赤沼《あかぬま》牢（水戸市東台《ひがしだい》）に投じられた。そして、翌年中、父子ともども人知れず獄死したのだった。

Q46 江戸詩壇の第一人者で化政文化の中心人物は茨城出身？

江戸時代後期、化政《かせい》文化が花開く江戸の漢詩壇で中心的存在として活躍したのが、県域出身の詩人大窪詩仏《おおくぼしぶつ》である。

詩仏は明和《めいわ》四年（一七六七）、久慈《くじ》郡池田村（大子《だいご》町）に生まれ、幼少期を多賀《たが》郡大久保《おおくぼ》村（日立市）で過ごした。名は行《こう》、字《あざな》は天民《てんみん》。父宗春《そうしゅん》は詩仏がまだ幼いころに江戸に出て日本橋銀《にほんばししろがね》町（東京都中央区）で医師となり、名医の評判を得ていたという。そのため、詩仏も家業を継ぐべく、十五歳のころに江戸に出て、父のもとで医学を学んだ。だが、その父が寛政《かんせい》二年（一七九〇）五月に没すると、彼は医者ではなく、詩人として生きていく決意をする。詩仏は当時、医学の基礎学問として儒学《じゅがく》を学んでいたが、師や学友との交流を通じて、詩の世界にのめり込んでいったのである。

とくに詩仏に大きな影響を与えたのは、山本北山《やまもとほくざん》と市河寛斎《いちかわかんさい》という、当時の詩壇に新風を吹き込んだ二人であった。北山は、詩人というよりも学者に近く、唐詩《とうし》の模倣に走る当時の主流派を批判して、詩人の個性を尊重する「清新性霊《せいしんせいれい》」の詩を提唱した。寛斎は、その北山の主張を実践した詩人であり、詩仏にとっては詩作の師匠である。詩仏は彼らとの交流を通じて、詩の才能を伸ばし、活動の場を広げていく。

詩仏が処女作『卜居集《ぼっきょしゅう》』を出版したのは、寛政五年、二十七歳の時である。友人達から費用を援助してもらい、なんとか出版にこぎつけたという。やはり詩で食べていくのは一筋縄ではいかなかったようだ。だがその後、詩仏は、文雅を好む地方富豪に寄食して授業料等を稼ぐ地方巡業の旅に幾度となく出ながら、詩作の腕を磨いていく。そして、三十代で自身の詩集のほか、清新性霊派の啓蒙的・入門的な詩書の編集・校訂も多数手掛けるようになり、四十代の頃には江戸詩壇で確固たる地位を築いたのだった。また、五十九歳の時には、秋田藩に招かれ、江戸藩校の教授として仕えた。

詩仏の詩は、従来の主流派と比べてわかりやすく、それでいて機知に富んでいたため、知識人のみならず、庶民にも受け入れられて圧倒的な人気を博した。詩仏は天保《てんぽう》八年（一八三七）、七十一歳で没するが、全盛期には偽物の詩集も出回っていたという。

Q47 マルチな才能を発揮した町人学者・沼尻墨僊とはどんな人？

安政《あんせい》二年（一八五五）、土浦《つちうら》の町人学者によってユニークな地球儀が発表され、数百個単位で江戸や上方《かみがた》に出荷されて好評を博した。その町人学者の名は沼尻墨僊《ぬまじりぼくせん》。天文、地理、暦学に精通し、書道、俳諧、篆刻など諸芸でも才能を発揮した多才な人物だ。

墨僊は安永《あんえい》四年（一七七五）三月、土浦田宿《たじゅく》町（土浦市大手《おおて》町）の旧家五香屋《ごこうや》（中村）治助《じすけ》の九男として生まれた。幼名、常治《つねじ》。生後間もなく中城《なかじょう》町（同市中央）の町医師沼尻石牛《せきぎゅう》の養子となり、養父母によく仕えたという。その孝行ぶりは、寛政《かんせい》十年（一七九八）に土浦藩から褒賞を受け、文化《ぶんか》十一年（一八一四）には藩主の御目通りを許されるほどであった。

また、墨僊は幼いころから「神童」と評判で、土浦藩士太田留蔵《おおたとめぞう》の門下で読書を学んで以来、生来の強い向学心によって幅広い分野の知識を吸収していった。なかでも早くから興味を持っていたのが地理学である。墨僊は寛政十二年に『地球万国図説《ちきゅうばんこくずせつ》』という世界地理書を著わして地理学者としてデビューすると、その後も研究を重ね、やがて地球儀の製作にも取りかかった。こうして安政二年に発表されたのが、冒頭で述べたユニークな地球儀だ。

墨僊のつくった地球儀は名を「大輿《だいよ》地球儀」といい、直径約二三センチ。木版印刷した船型の世界地図を十二本の竹骨でつくった楕円球に張り合わせたもので、傘のように折りたためることから、のちに「傘式地球儀」とも呼ばれた。不用の際には縮めて箱に収めることができたので、持ち運びにはさぞ便利だったことだろう。当時、多くの知識人や大名などがこれを購入して活用したという。

ところで、墨僊に関してもう一つ注目されるのが、教育者としての一面だ。彼は土浦城下で寺子屋《てらこや》「天章堂《てんしょうどう》」を営み、安政三年四月に八十二歳で没するまで、庶民教育に貢献し続けた。通常の読み書き算盤に加え、時には自製の地球儀を教材に使用してレベルの高い授業を行っていたらしい。教師・墨僊は、己の学識を誇ることなく、温厚な態度で生徒に接し、よく理解できるまで懇切丁寧に指導したという。

Q48 日本初の雪の自然科学書『雪華図説』を書いた古河藩主とは？

古河藩《こが》（古河市）土井家《どい》（第二期）の四代藩主土井利位《としつら》は、奏者番《そうじゃばん》、寺社奉行《じしゃぶぎょう》、大坂城代、京都所司代《しょしだい》、老中《ろうじゅう》と幕府の要職を歴任した政治家であるとともに、雪の結晶の研究に打ち込んだ一流の学者でもあった。天保《てんぽう》三年（一八三二）に著わした『雪華《せっか》図説《ずせつ》』は日本で最初の雪に関する自然科学書として高く評価されている。

利位は寛政《かんせい》元年（一七八九）、土井家の分家で刈谷藩《かりや》（愛知県）主土井利徳《としのり》の四男として生まれた。だが、文化《ぶんか》十年（一八一三）、本家の古河藩主土井利厚《としあつ》に跡継ぎがいなかったことから、その養子となる。家督を相続して古河藩主になったのは文政《ぶんせい》五年（一八二二）のこと。古河は譜代《ふだい》の名家が代々藩主を務め、幕府の要職に就くのが慣例になっていたので、利位も翌年には奏者番に就任し、天保十四年に老中首座にいたるまで典型的な出世コースを歩んだ。ちなみに、大坂城代時代には、天保八年の大《おお》塩平八郎《しおへいはちろう》の乱の鎮圧に活躍している。

　さて、この公務に忙しい日々のなかで、研究を重ねて著わされたのが『雪華図説』であった。同書は木版刷り十七枚三十四ページの小冊子で、前半は雪の生成や、結晶の形、重さ、色、効用に関する総説的な内容からなり、後半には実際に利位が観察した雪の結晶（雪華）の図が掲載されている。利位は雪を観察する際、体温で雪が解けるのを避けるため、ピンセットで黒い漆器に受け、顕微鏡で観察していたという。同書に掲載された雪の結晶の種類は八十六種類にも及んだ。

　天保十年には続編となる『続《ぞく》雪華図説』が刊行されるが、その頃には江戸で雪の結晶が利位の官名「大炊頭《おおいのかみ》」にちなんで「大炊模様」と呼ばれて流行し、菓子や浴衣《ゆかた》、手拭《てぬぐい》などのデザインに好んで用いられたという。この人気の背景には、当時の雪国の生活ぶりを描いた、天保八年刊行のベストセラー『北越雪譜《ほくえつせっぷ》』（鈴木牧之《すずきぼくし》著）が関わっていたとされる。『北越雪譜』には、利位の雪華図二十八種が転載されていたからだ。

　利位はこの二冊で雪の研究家として不動の地位を確立し、嘉永《かえい》元年（一八四八）にこの世を去った。六十歳であった。

Q49 異例の幕政参与、徳川斉昭の波瀾万丈の生涯とは？

黒船来航後の幕末の政局において、尊王攘夷《そんのうじょうい》派のカリスマとして圧倒的な存在感を示した水戸《みと》藩の九代藩主徳川斉昭《なりあき》。その激しい気性から「烈公《れっこう》」という諡号《しごう》を贈られた彼の生涯（とくに後半生）は、政争の絶えない、波瀾の連続であった。

斉昭は寛政《かんせい》十二年（一八〇〇）三月、七代藩主徳川治紀《はるとし》の三男として生まれた。幼いころから水戸学の大家会沢正志斎《あいざわせいしさい》のもとで学び、聡明と評判だったという。

その斉昭が最初の政争に巻き込まれるのは、文政《ぶんせい》十一年（一八二八）頃のこと。生来病弱な八代藩主徳川斉脩《なりのぶ》（斉昭の兄）に嗣子がなく、斉昭が次期藩主候補となったのがきっかけであった。藩内には門閥保守派の重臣層を中心とする反斉昭勢力が存在し、彼らは斉脩夫人峰姫《みねひめ》（十一代将軍家斉《いえなり》の娘）の弟清水恒之丞《しみずつねのじょう》（家斉の二十男）を養子に迎えようとしていた。当時の藩は財政難に陥っていたが、将軍家との血縁関係を強化することで、幕府の財政援助を期待できると考えたからである。一方、斉昭を支持した勢力は、新参者の多い中・下級藩士層であり、その中心には、会沢正志斎や、もう一人の水戸学の大家藤田東湖《ふじたとうこ》がいた。

結局、この後継者争いは、翌年十月の斉脩の没後、「弟の斉昭を継嗣にすべし」という遺書が見つかったことから、斉昭派に軍配があがった。こうして新藩主となった斉昭は、自分を支持した中・下級藩士を積極的に登用して藩政改革に着手していく。

斉昭の藩政改革は天保《てんぽう》元年（一八三〇）から本格化し、彼のブレーンである会沢・藤田を推進者として実施された。この改革の路線を一言でいうなら「富国強兵」である。すなわち、質素・倹約の励行、大砲鋳造・砲台建設などの武備の充実、領内総検地の実施、茶・漆《うるし》・楮《こうぞ》（和紙の原料）などの商品作物を増産する殖産興業、藩校弘道館《こうどうかん》と郷校《ごうこう》（農民のための中等学校）の設立による人材育成などを通じて藩体制を立て直そうとした。だが、同時に、財政再建の試みとして蝦夷地《えぞち》（北海道）開拓を幕府に何度も願い出たことや、神仏分離・寺院整理の宗教政策を推し進めて多くの寺院を破却したことなどから、斉昭は幕府に目をつけられ、天保十五年五月、幕命により隠居謹慎させられてしまう。この斉昭の失脚の裏には、改革で打撃を受けた寺院勢力や反斉昭の門閥保守派による、江戸の有力寺院や大奥への働きかけがあったという。

斉昭の謹慎は半年後に解かれたが、藩政に関わることは許されなかった。斉昭の藩政復帰が実現するのは嘉永《かえい》二年（一八四九）三月のことである。だが、その後まもなく起こる大事件をきっかけに、斉昭はより大きな政治の舞台で活躍することになる。

その大事件とは、嘉永六年六月の黒船来航だ。

この未曽有の国難に臨んだ老中《ろうじゅう》首座阿部正弘《あべまさひろ》は、挙国一致でこれを乗り切るべく、斉昭を海防参与《かいぼうさんよ》として幕閣に登用する。御三家《ごさんけ》が幕政に参加するのは前代未聞だが、先の藩政改革での手腕と実績が評価されてのことであった。これにより斉昭の失脚で力を失っていた藩内の改革派も力を取り戻し、門閥保守派を粛清していった。

さて、海防参与となった斉昭は、水戸学に基づく攘夷論を阿部に説いた。だが、安政《あんせい》元年（一八五四）三月に日米和親条約《にちべいわしん》が締結されると、それに強い不満を示して辞任。七月には幕府の軍制参与に任命されて再び幕政に復帰するが、翌年十月、阿部にかわって堀田正睦《ほったまさよし》が老中首座になったのを機に、斉昭の幕政での発言力は弱まった。そして、安政四年六月に阿部が急死すると、翌七月には軍制参与も辞職した。

ところで、このころ、いわゆる将軍継嗣問題で実子の一橋慶喜《ひとつばしよしのぶ》（一橋家に養子入りした七男。のち十五代将軍）が十四代将軍候補になったことから、斉昭が大老《たいろう》井伊《いい》直《なお》弼《すけ》と対立を深めていったことはあまりにも有名である。安政五年六月の通商条約締結に際し、斉昭は井伊の独断（無勅許調印）を不時登城で抗議したが、かえってそれを咎められ、謹慎を命じられるという反撃を受けた。

さらに、その直後には、井伊政権を批判する、いわゆる「戊午《ぼご》の密勅」が水戸藩に下されたことから、井伊は斉昭を密勅降下の黒幕と見なし、斉昭をはじめとする政敵の一斉弾圧を開始した。世にいう「安政の大獄《たいごく》」だ。これにより斉昭は国許永蟄居《くにもとえいちっきょ》を命じられ、万延《まんえん》元年（一八六〇）八月、謹慎の身のまま六十一歳で波瀾の生涯を終えた。奇しくも井伊が桜田門外《さくらだもんがい》の変《へん》で水戸浪士に暗殺されてまもない時期だったことから、彦根《ひこね》藩（滋賀県。井伊家が藩主）による仕返しの暗殺だと噂されたという。

水戸城大手橋前の徳川斉昭像（水戸市三の丸）

Q50 水戸学の大家・会沢正志斎は吉田松陰に影響を与えた?

水戸学《みとがく》とは、水戸藩二代藩主徳川光圀《みつくに》の『大日本史《だいにほんし》』編纂事業を出発点として、日本史研究を通じて藩内で確立された学問思想である。ベースは朱子学《しゅし》だが、神道や国学なども取り込んで、天皇を最上に位置づける尊王論《そんのう》を説いた。とくに江戸時代後半には内憂外患の政治問題との関わりから、日本を主導する政治理論へと発展していく。水戸藩九代藩主徳川斉昭《なりあき》を擁立し、斉昭のブレーンとして藩政改革を推進した会沢正志斎《あいざわせいしさい》はそんな水戸学の大家として知られ、彼の著書『新論《しんろん》』は幕末の志士達のバイブルとなって尊王攘夷《じょうい》運動に大きな影響を与えた。

正志斎は天明《てんめい》二年(一七八二)五月に水戸城下で生まれ、文久《ぶんきゅう》三年(一八六三)七月に八十二歳で没した。名は安《やすし》。会沢家は代々農民だったが、父恭敬《やすたか》の代に士分に取り立てられたという。寛政《かんせい》三年(一七九一)、十歳の時に水戸学中興の祖藤田幽谷《ふじたゆうこく》

（藤田東湖《とうこ》の父）に学び、十八歳の頃から史局《しきょく》の彰考館《しょうこうかん》に入って、『大日本史』編纂事業に従事した。その後、八代藩主徳川斉脩《なりのぶ》の継嗣問題が起こると斉昭を擁立し、藩政改革の一環で藩校弘道館《こうどうかん》が設立された時にはその初代教授頭取を務めた。

ところで、文政《ぶんせい》七年（一八二四）五月には、水戸藩領大津浜《おおつはま》（北茨城市《きたいばらき》大津町）にイギリス人十二名が上陸するという事件が起こった。この時、筆談役の一人として異人と応接したのが、正志斎であった。正志斎はこの経験を通じて、今回の異人上陸に侵略の意図があることを疑い、攘夷論を唱えた。そして、その攘夷論を水戸学の尊王論と結合して体系化し、翌文政八年に一冊の本を著わす。それが『新論』である。

『新論』は国体《こくたい》（日本人と日本国の特性）、形勢（世界情勢）、虜情《りょじょう》（欧米列強の侵略状況）、守禦《しゅぎょ》（軍事上の対策）、長計（日本の長期計画）の五論からなり、幕末には「新論を読まなければ志士にあらず」といわれるほど流行した。松下村塾《しょうかそんじゅく》を主宰し、明治維新を牽引する錚々《そうそう》たる人材を育てた吉田松陰《よしだしょういん》も『新論』に感銘を受けた志士の一人である。松陰は嘉永《かえい》四年（一八五一）末に水戸を訪れて以来、たびたび正志斎と面会し、「矍鑠《かくしゃく》たるかな此の翁や」という感想を日記に記している。

Q51 新選組をつくった男と割った男、芹沢鴨と伊東甲子太郎の出身は茨城？

新選組《しんせんぐみ》を語る上で欠かせない二人の重要人物、芹沢鴨《せりざわかも》と伊東甲子太郎《いとうかしたろう》。彼らはいずれも県域の出身者である。

芹沢鴨は常陸国行方《ひたちのくになめがた》郡芹沢村（行方市芹沢）に生まれた。生年は諸説あるが文政《ぶんせい》九年（一八二六）ごろとされる。父は同村芹沢城主の後裔の豪農芹沢貞幹《さだもと》で、鴨はその三男だという。本名は木村《きむら》（あるいは下村《しもむら》）継次《つぐじ》とも伝わる。剣は戸ヶ崎熊太郎《とさきくまたろう》という人物から神道無念流《しんとうむねんりゅう》を学び、戸ヶ崎門下で師範代を務めていたらしい。また、水戸浪士として天狗党《てんぐとう》とも関わりがあったともいわれるが、真偽のほどは定かではない。

文久《ぶんきゅう》三年（一八六三）二月、同郷の平間重助《ひらまじゅうすけ》らとともに浪士《ろうし》組の募集に応じて上洛し、大多数の隊士らが江戸に引き返すなか、近藤勇《こんどういさみ》、土方歳三《ひじかたとしぞう》らと京都に残って新選組（当時は壬生《みぶ》浪士組）を結成。筆頭局長として隊を率いたが、九月に近藤らによって暗殺された。暗殺の原因は、日ごろの粗暴な行動にあったとされるが、伝わる悪行のなかには冤罪もあり、近年では鴨の実像についての見直しも行われている。

一方、伊東甲子太郎は天保《てんぽう》六年（一八三五）、志筑《しづく》藩（かすみがうら市）の藩士鈴木《すずき》忠明《ただあき》の長男として生まれ、通称を大蔵《たいぞう》といった。当時、父はなんらかの理由（讒言とも）で閉門になっていたため、幼い甲子太郎は母方の実家で育てられたという。その後、水戸《みと》に出て神道無念流と水戸学を学び、さらに江戸に出て伊東精一《せいいち》という人物から北辰一刀流《ほくしんいっとう》を学んだ。やがて甲子太郎は道場随一の剣客となり、師が没すると、門弟一同の推挙を受け、精一の娘である梅を娶って伊東家の家督と道場を相続した。

甲子太郎が新選組に入ったのは、元治《げんじ》元年（一八六四）のこと。当時新選組の幹部として活躍していた北辰一刀流の同門藤堂平助《とうどうへいすけ》に誘われたことがきっかけである。甲子太郎は弟鈴木三木三郎《みきさぶろう》や同志数名を連れて上洛し、近藤の信頼を得ていきなり幹部として迎えられた。だが、佐幕《さばく》派の新選組と彼の思想は相容れず、のちに高台寺《こうだいじ》党という一派を組織して独立。そこに藤堂も加わるなど、新選組を内部分裂へと導いたのだった。慶応《けいおう》三年（一八六七）十一月、甲子太郎は新選組に謀殺された。

Q52 最後の水戸藩主・徳川昭武は、藩主就任直前にどこにいた？

水戸《みと》藩の最後の藩主となったのは、十五代将軍徳川慶喜《よしのぶ》の弟徳川昭武《あきたけ》である。黒船来航直後の嘉永《かえい》六年（一八五三）九月に九代藩主徳川斉昭《なりあき》の十八男として生まれた昭武が藩主に就任したのは、維新後の明治元年（一八六八）十一月のこと。その直前まで、彼は日本にいなかった。なんと幕命でパリに留学していたのである。

フランス皇帝ナポレオン三世は、慶応《けいおう》三年（一八六七）にパリで万国博覧会を開催することを決定すると、駐日公使ロッシュを通じて、日本にも参加を呼びかけた。これを受けて、将軍慶喜は、当時屋台骨が揺らいでいた幕府の健在を諸外国にアピールする絶好の機会だと考え、参加を決定する。だが、当時の慶喜は国内問題に追われ、日本を離れることなどできない。そこで、慶喜の代理でパリに派遣されたのが弟の昭武であった。時に昭武、十五歳。慶喜は幼い弟が海外留学を通して国際感覚や最新知識を身につけ、日本の次世代の指導者に成長することを期待していたのである。

さて、こうして日本の国際親善大使の先駆けとなった昭武は、慶応三年一月に横浜を出航し、約五十日の船旅でフランスのマルセイユに到着した。パリに着いたのは、その数日後の三月七日のことである。ヨーロッパ社会は「大君《たいくん》（外国に対して用いた将軍の別称）の弟」昭武に注目を集め、現地マスコミも大きく取り上げた。万博が開会される頃には、昭武はヨーロッパ王侯貴族の社交場での寵児《ちょうじ》となっていたという。

万博終了後も昭武は、慶喜の代理でヨーロッパ各国を親善訪問した。だが、まもなく幕府が崩壊したことから、明治元年十一月にやむなく帰国。明治天皇に謁見して留学体験を報告した後、水戸藩主に就任した。その後、明治十六年に三十一歳で隠居し、翌年には松戸《まつど》（千葉県松戸市）へ移住。隠居後は慶喜とも親密に交際し、二人で狩猟や写真などの趣味を楽しんだという。明治四十三年七月、五十八歳で病死した。

徳川昭武（『近世名士写真 其2』。国立国会図書館蔵）

Q53 「あんぱん」を考案した茨城県人とは？

菓子パンの定番中の定番「あんぱん」を考案したのが茨城県人だということをご存じだろうか。考案者の名は木村《きむら》安兵衛《やすべえ》。今日、銀座《ぎんざ》（東京都中央区）に本店を構える老舗パンメーカー「株式会社木村屋《きむらや》總本店《そうほんてん》」を創業した人物である。

安兵衛は文化《ぶんか》十四年（一八一七）、常陸《ひたち》田宮《たぐう》村（牛久《うしく》市田宮町）に生まれた。下総《しもうさ》川原代《かわらしろ》村（龍《りゅう》ケ崎《さき》市川原代町）の郷士《ごうし》（農村に住む武士）の家に養子入りしたが、明治維新で失業、親戚を頼り東京で職業授産所の事務職に就いた。職業授産所とは、明治維新で失業した武士に就職先を紹介したり、職業訓練を行ったりする施設である。

安兵衛はこの職場でパンの製造法を知るコックと出会ったのをきっかけに、明治二年（一八六九）、「文英堂」というパン屋を芝《しば》日陰《ひかげ》町（東京都港区）にオープンさせる。時に安兵衛、五十三歳。思い切った決断である。店名は彼の妻「ぶん」と息子「英三郎」からつけられたという。だが、この文英堂がまもなく火災で焼失してしまう。そのため、翌年には、銀座に移転し、「木村屋」として再スタートしたのであった。

さて、当時はまだパンが世間に広まっておらず、木村屋の売り上げも伸び悩んだが、安兵衛と英三郎の父子、それに新しく雇い入れたパン職人武島勝蔵らが試行錯誤を重ね、一発逆転の商品を開発する。それがあんぱんである。この時、開発されたのは酒《さか》種《だね》あんぱんであり、通常のイースト菌ではなく、米糀を利用した独自製法の和風パンが使用された。いうなれば当時の日本人の舌に合うように工夫された一品であった。

この酒種あんぱんは明治七年に発売されるや、たちまち人気を博し、元幕臣山岡鉄《やまおかてっ》舟《しゅう》を介して翌年四月四日には明治天皇に献上された。鉄舟は当時天皇の侍従《じじゅう》を務めており、和洋折衷の神髄ともいえるあんぱんを大変気に入っていたという。なお、安兵衛と鉄舟は、幕末の頃から剣術を通じての知り合いだったらしい。

こうしてあんぱんは天皇も口にした食べ物ということで一気に市民権を得る。木村屋は四月四日を「あんぱんの日」として記念した。その後、あんぱんの生みの親である安兵衛は、明治二十二年七月、七十三歳でこの世を去ったのであった。

Q54 岡倉天心は茨城を拠点に日本美術の復興を志した？

明治の美術界をリードした思想家岡倉天心《おかくらてんしん》が、晩年に日本美術を再興する活動拠点としたのは、県域の五浦《いづ(う)ら》（北茨城《きたいばらき》市大津《おおつ》町）であった。

文久《ぶんきゅう》二年（一八六二）十二月、横浜で生まれた天心（本名覚三《かくぞう》）は、明治四年（一八七一）に一家で東京に出て官立東京外国語学校（現・東京外国語大学）に入学。続けて明治八年からは東京開成《かいせい》学校（二年後東京大学に改編）で学んだ。

東京大学では、東洋美術に高い関心を持つお雇い外国人アーネスト・フェノロサに師事し、卒業後は彼とともに、文明開化で顧みられなくなっていた日本美術の復興・保存活動に従事するようになった。また、同時に東京美術学校（現・東京芸術大学美術学部）の設立にも尽力し、明治二十三年には二十九歳の若さで校長に就任。そこで横山大観《よこやまたいかん》、下村観山《しもむらかんざん》、菱田春草《ひしだしゅんそう》ら、近代日本美術を牽引する画家を育てたのだった。

だが、次第に学内で教師陣の対立が起こり、明治三十一年三月、天心は反対派によって辞職に追い込まれてしまう。同年十月には、彼に従って東京美術学校の教職を辞した橋本《はしもと》雅邦《がほう》、大観、観山、春草らを率いて、東京谷中初音《やなかはつね》町（東京都台東《たいとう》区）に日本美術院を創設するが、しばらくして経営に行き詰まった。東京から地方に移り、俗界から離れた静かな場所で自由に美術研究をしたい――そう願っていた天心が新天地として選んだのが、五浦だったのである。

明治三十九年、天心は日本美術院を五浦に移転し、それに従って愛弟子の大観、観山、春草、木村武山《きむらぶざん》らも家族を連れてこの地に移住した。美術院移転は世間に「都落ち」などと嘲笑されたが、彼らは窮乏生活のなかで創作活動を続け、大観の「流燈《りゅうとう》」、観山の「木の間の秋」、春草の「賢首菩薩《けんじゅぼさつ》」、武山の「阿房劫火《あぼうごうか》」など、近代日本美術史にその名を刻む名作を生み出したのであった。また、天心もこの時期にはたびたび渡米して日本文化の魅力を世界にアピールするなど、国際的に活躍している。

五浦は、天心が大正二年（一九一三）に没するまでの短期間ながら、新たな日本美術の聖地として一躍脚光をあびるようになったのである。

Q55 「生々流転」で知られる横山大観は水戸藩士の息子だった？

近代日本画の巨匠横山大観《よこやまたいかん》は明治元年（一八六八）、いまだ藩内抗争が続く水戸《みと》藩で生まれた。父は酒井捨彦《さかいすてひこ》という水戸藩士で、大観はその長男であった。本名秀麿《ひでまろ》。母は大観を出産する際、戦禍を避けるため、家の裏手の竹林で生み落としたという。

その後、成長した大観は明治二十二年、父の反対を押し切って東京美術学校に入学し、そこで生涯の師となる岡倉天心《おかくらてんしん》と出会う。卒業後は京都・奈良で古美術の模写に熱中し、この頃から「大観」の号を使い始めたという。

明治二十八年には、京都美術工芸学校（現・京都市立芸術大学）の教師となり、翌年、同校を辞職して母校である東京美術学校の助教授に就任した。だが、明治三十一年に天心が東京美術学校を排斥されると、大観もそれに従って辞職する。

大観がその後、天心を慕い続けて日本美術院に参加し、五浦《いづ（う）ら》に移住したことはQ54

で見たとおりだ。五浦時代の大観は、貧しい生活のなかで、潮騒と松風の音を聞きながら、創作に没頭したという。そして、そこで生まれたのが、名作「流燈《りゅうとう》」である。

当時、大観は日本画から「輪郭線」を取り除くことで、新しいリアリズムを表現しようとしていた。だが、その手法はなかなか受け入れられず、保守的な日本画壇から「朦朧体《もうろうたい》」や「化け物絵」などと非難され続けてきた。その没線画法が巧みに用いられた「流燈」は、明治四十二年の第三回文展《ぶんてん》（文部省主催の美術展）に出品されるや、たちまち好評を博し、それまでの大観に対する悪評を消し去ったという。

その後も大観は、大正十二年（一九二三）に不朽の名作「生々流転《せいせいるてん》」を発表するなど、昭和三十三年（一九五八）に九十一歳で没するまで、画壇の第一人者として精力的に創作活動を続けた。当初は批判の的にされた没線画法の「朦朧体」も、次第に日本画の技法として確固たる地位を築いていったのであった。

横山大観（『横山大観』。国立国会図書館蔵）

Q56 戦後恐慌を予見して財界から政界に転じた内田信也とは?

大正三年(一九一四)に第一次世界大戦が勃発し、世界各地で物資の輸入が途絶えて日本に物資を求めたことから、日本は空前の好景気を迎えた。いわゆる大戦景気である。これにより国内では投機によって一夜で莫大な財産を築く「成金」が次々と現われる。県域出身の実業家内田信也《うちだのぶや》もそんな成金の一人であった。信也は明治十三年(一八八〇)十二月六日、今日の行方《なめがた》市麻生《あそう》に生まれ、東京高等商業学校(現・一橋大学)を卒業後、同三十八年に三井物産《みついぶっさん》の船舶部門に勤務した。ちなみに、学生時代の成績はあまり芳しいものではなく、卒業時には下から五番目だったという。

その後、信也は、大正三年の第一次大戦と時を同じくして同社を退社し、大戦の影響からくる世界的な船舶不足を予測して神戸《こうべ》で内田汽船を開業する。資本金は二万円足らず、船はチャーター船一隻からのスタートだったが、まもなく予想が的中して船船関連の需要が急増。信也は三年後には資本金一千万円、所有船十七隻という大事業家となった。大正五年の内田汽船の株式配当はなんと六十割にも達したという。

しかし、当然ながら大戦景気がいつまでも続いたわけではない。大正九年には空前の好景気の反動で大恐慌が起こり、一時代を築いた成金たちの多くが次々と没落していった。世にいう「戦後恐慌」である。そんな状況にあって、「船成金」の信也は、やがて起こるだろう不況を予見し、一足早く対策を講じていた。すなわち、戦後恐慌の波に飲み込まれる前に財産・事業を整理してその多くを現金化し、見事に売り抜けたのだ。そして、これを機に信也は、実業家から政治家に転身する。

大正十三年に衆議院議員に当選して以来、昭和十七年（一九四二）まで連続七回当選し、昭和二年には船舶の知識を買われて海軍政務次官に就任。海軍軍人ではない民間出身の海軍政務次官として注目を集めたという。続けて昭和六年には逓信《ていしん》政務次官を務め、昭和九年に岡田啓介《おかだけいすけ》内閣の鉄道大臣に就任して以降、農商務大臣（東条英機《とうじょうひでき》内閣）、農林大臣（第五次吉田茂《よしだしげる》内閣）を歴任した。晩年は明治海運株式会社の会長として船舶業に専念し、昭和四十六年一月、九十歳でこの世を去ったのであった。

茨城県
古写真帖④

水戸・泉町通り

左の洋風建築は明治42年(1909)建設の川崎銀行水戸支店で、三菱東京UFJ銀行水戸支店として同地に現存。大庄屋兼回漕問屋で、徳川光圀(Q33)の時に郷士待遇を受けた川崎家の川崎八右衛門が設立した川崎金融財閥の銀行だった。明治42年から大正7年(1918)の期間に撮影された泉町通り(水戸駅前から続く現・国道50号線)の絵葉書で、道幅が現在の数分の1なのが時代を感じさせる。一帯は当時の繁華街の1つで、銀行の奥(現・ローソン泉町三丁目店)には、薬・紙・文具などを販売の積善堂加納商店が写る(「〈水戸名勝〉水戸市街ノ景」。水戸市立博物館蔵)。

第5章

茨城県の文化・生活篇

いばらき文化遺産

第5章

茨城発！

霞ヶ浦と鹿島神宮が育んだ〝常世の国〟の文化

和銅《わどう》六年（七一三）の官命に応えて編纂《へんさん》された『常陸国風土記《ひたちのくにふどき》』は、

「古の人、常世《とこよ》の国と云へるは、蓋《けだ》し疑はくはこの地ならむか（昔の人が「常世の国」と言ったのは、思うにこの地のことであろうか）」

と常陸国を評している。古代人にとって茨城県域は気候温暖にして物産豊かな、常世の国（不老不死の理想郷）を思わせる暮らしやすい土地だったのであろう。早くから人びとが定着していた痕跡が残されており、縄文時代から弥生時代、古墳時代の遺跡が県内には数多く眠っている。土浦《つちうら》市の上坂田《かみさかた》には、武者塚《むしゃづか》古墳群・坂田立野古墳群・坂田塙台《はなわだい》古墳群・坂田台山《だいやま》古墳群など古墳が集中し、五世紀末の甲冑や鉄刀などが出土。なかでも武者塚古墳からは毛髪を残した人骨が発見されている。佐賀県の吉《よし》野《の》ヶ《が》里《り》遺跡で弥生人の毛髪が出土した例はあるが、武者塚古墳のそれは古代の髪型を結ったまま発見され、当時の習俗を知るうえで貴重な資料となった。鹿島神宮《かしまじんぐう》（鹿嶋《かしま》市宮中《きゅうちゅう》）の存在も忘れるわけにはいかない。神功《じんぐう》皇后の三韓《さんかん》征伐にまつわる伝説を持つ鹿島神宮は、武神・武甕槌大神《たけみかづちのおおかみ》を祀る。奈良時代には東国から筑《つく》紫《し》（福岡県）や壱岐《いき》（長崎県）に派遣される防人《さきもり》がいったんこの地に集結し、出征を前に神職から武術を授けられたという。この地で受け継がれてきた剣技は、日本における剣術の三大源流の一つである神道流系の剣術へと発展し、室町時代以降塚原卜伝《つかはらぼくでん》（一四八九〜一五七一）など多くの剣豪を生み出している。

いま一つ茨城県の生活や文化に多大な影響を与えてきたものに、霞ヶ浦《かすみがうら》の存在がある。日本第二位の面積を持つこの湖沼は、漁業はもちろん沿岸の交通や農業用水として活用されてきた。江戸時代には幕府も利根川《とねがわ》——江戸《えど》川へと通じる幹線水路の中心と位置づけ、地元住民を動員して大規模な洲浚《すざら》いなどを行ってメンテナンスに努めている。鹿島臨海工業地帯が企業誘致に成功したのも、霞ヶ浦の水を工業用水として使用できるという大きなメリットがあってのこと。茨城県は現在も直接・間接的に霞ヶ浦の水の恩恵を受けているのである。

Q57 古代の髪型・美豆良が確認できたのは武者塚古墳(土浦市)のおかげ?

昭和五十八年(一九八三)土浦《つちうら》市上坂田《かみさかた》にある武者塚《むしゃづか》古墳の発掘調査が行われた。七世紀の古墳時代末期につくられたこの古墳は、盛土《もりつち》こそ取り崩されていたものの、古墳の主が葬られている石室《せきしつ》は盗掘にあうこともなく良好な状態で残されており、多くの貴重な出土品に加え石室からは六体の人骨も発見されている。

武者塚古墳は直径約二三メートルの円墳《えんぷん》で、石室は地面を約三メートル掘った地点に筑波《つくば》山麓で産出された石材を使って組み上げられており、副葬品が納められた前室《ぜんしつ》と人骨が安置された玄室《げんしつ》からなっていた。

約一メートル四方の前室壁際には、玄室に向かう一辺を除く三方の壁にコの字型に副葬品が配置されており、東側の壁には銀で装飾された長さ七六・三センチの「銀装《ぎんそう》圭頭大刀《けいとうのたち》」や、全国的にも出土例の少ない青銅製の本体と鉄製の柄《え》を持つ「鉄柄銅《どう》杓《しゃく》」が遺存していた。この銅杓の上に乗る形で残されていた「銀帯状金具《ぎんおびじょうかなぐ》」は装飾大刀の付属金具で、高さ二・三センチ、幅四九・五センチ、厚さ一ミリの薄い板の全面に唐草文《からくさもん》の透かし彫りが施されている。

主軸長二〇四センチ、幅一五四〜一六四センチの玄室に残された一〜六号人骨からは、さらに興味深い発見がなされた。一・二・三号人骨に多量の毛髪が見られ、なかでも壮年期前半の男性と推定される二号人骨には口髭と顎髭のほかに、古代人特有の髪型である「美豆良《みづら》」が残されていたのである。

美豆良は人物埴輪《はにわ》などにも見られる髪型で、頭部中央から頭髪を左右に分け、髪の先端を上下に折り返して側頭部（耳の後ろ側）で結髪《けっぱつ》するもの。残されていたのは左側頭部の毛髪で結《ゆ》われた状態を保っており、右側頭部は残されていなかったものの、髪を束ねていたと思われる樹皮製の紐が残存していた。実物の美豆良を確認できたことは、当時の結髪を知るうえで非常に重要な発見だったのである。

これら貴重な武者塚古墳出土品は、平成二十六年（二〇一四）国の重要文化財に指定されている。

Q58 「常陸帯」は〝神功皇后の三韓征伐〟に起源する？

鹿嶋《かしま》市に鎮座する鹿島神宮《かしまじんぐう》の祭神は武甕槌大神《たけみかづちのおおかみ》である。武甕槌神は高天原《たかまがはら》から出雲《いずも》国《くに》（島根県）へと降り、十握《とつか》の剣《つるぎ》を砂浜に突き刺して大国主神《おおくにぬしのかみ》と対峙し、国譲りの談判を行ったとされる武神であり、これを祀る鹿島神宮も古来武人の信仰を集めてきた。

仲哀《ちゅうあい》天皇九年、朝鮮半島へと渡りいわゆる「三韓《さんかん》征伐」に臨んだ神功皇后《じんぐう》も、戦を前に鹿島の神に祈りを捧げたとされる。『日本書紀《にほんしょき》』によれば神功皇后は急死した夫・仲哀天皇に代わり、神託に従って妊娠中の身でありながら新羅《しらぎ》征討を決意。新羅王を降伏させたのち百済《くだら》・高句麗《こうくり》を帰順させて帰還し、筑紫国《つくしのくに》の宇瀰《うみ》（福岡県糟屋《かすや》郡宇美《うみ》町）でのちの応神《おうじん》天皇を出産したという。

鹿島神宮には、神功皇后が応神天皇を懐胎したときに使用したとされる常陸帯（妊婦が締める腹帯）が神宝として納められている。この常陸帯は本殿の奥深く箱に入れて安置されることはできないが、明治維新以前には正月十四日に「常陸帯《ひたちおび》神事」があり、このときには常陸帯を神宮寺《じんぐうじ》に移して神事が執り行われていたという。

祭礼の際には意中の人の名を布帯に書いて神前に供え、この帯の先を神官が結び合わせて結婚相手を占った。

鹿島神宮は武を司る神を祀りながら、安産信仰や縁結び信仰の神社としても親しまれてきたのである。男女の恋愛に深くかかわる常陸帯神事は『源氏《げんじ》物語《ものがたり》』や『古今和歌六帖《こきんわかろくじょう》』など多くの文学作品に取り入れられており、『新古今和歌集《しんこきんわかしゅう》』には、

「あづまぢの道のはてなるひたち帯のかごとばかりもあはんとぞおもふ」

という歌が残されている。

神功皇后（『大日本名将鑑』）

Q59 鹿島神宮に伝わる「鹿島七不思議」とは？

古代より鹿島《かしま》の地に鎮座してきた鹿島神宮《じんぐう》（鹿嶋《かしま》市宮中《きゅうちゅう》）。この神社にはいつの頃からか「鹿島七不思議」と呼ばれる伝説が生まれ、現在も連綿と語り継がれている。

一、要石《かなめいし》／奥宮《おくのみや》の背後に祀られた霊石。花崗岩《かこうがん》で、地表に現れている部分は直径三〇センチ、高さ七センチほどに過ぎないが、地下には巨大な岩石の本体が隠されており、地震を起こす大鯰の頭を押さえているという。別名「山《やま》の宮《みや》」「御座石《みましいし》」。この要石があるおかげで、鹿島地方には大きな地震がないと伝えられてきた。

二、御手洗池《みたらしいけ》／神職が潔斎をするための池で、大人が入っても子供が入っても水位が乳の高さを超えないという。かつては参道の起点で、ここで手や身体を清めたためこの名があると思われる。

三、末無川《すえなしがわ》／境外の高天原《たかまがはら》でわき出した清水がいつの間にか消え、その行方がたどれない。
四、藤《ふじ》の花／境内三笠山《みかさやま》の藤の花が多く咲く年は豊作となり、少ない年は凶作になると伝えられる。
五、海の音《ね》／奥宮の付近で、鹿島灘《かしまなだ》の海辺に砕ける波の音が北の方に聞こえるときは晴れ、南に響くときは雨が降る。
六、根上《ねあが》りの松／鹿島神宮付近の松は、何度伐採しても刈りあとから芽が出て、枯れることがない。
七、松の箸／鹿島神宮の松でつくった箸からは松の脂が出ない。
これら七つの伝説のほかに、本殿裏に祀られた「鏡石《かがみいし》」と呼ばれる霊石も謎の存在である。鏡によく似た円盤状の石で、その由来は一切不明だが古くから大切に保存されており、かつては何らかの重要な意味を持っていたものと考えられている。

創建は二千六百年以上前の神代にまでさかのぼると伝えられる鹿島神宮。そのあまりに長い歴史故か、鏡石に代表されるような由来や意味すら曖昧になってしまった伝説が今も多数残されているのである。

Q60 霞ヶ浦でたびたび行われた「水行直し」ってなに?

江戸時代後期に入ると、霞《かすみ》ヶ浦《うら》では湖水の排水悪化による影響が周辺地域の生活に大きな影響を与えるようになり、数度にわたり「水行直し《すいこうなおし》」が行われた。水行直しとは、霞ヶ浦の落口《おちぐち》にできた洲《す》を浚《さら》い両岸に生い茂る蒲《がま》や真菰《まこも》などを刈り取って、水の流れを良くするための土木工事である。

洲が発達すると小規模な出水《でみず》でも堤防が破壊されて周辺に水害をもたらし、通船にも支障を来《きた》した。また水腐《みずくさ》れによって田畑の作物にも多大な被害を与えたのである。

江戸時代中後期に開発された網代《あじろ》や簀立《すだ》てなどの定置《ていち》漁具や漁網なども水はけを悪くする原因となっていた。巨大な湖であるにもかかわらず、主要な落口が牛堀村《うしぼりむら》（潮来《いたこ》市牛堀）の一か所しかないうえに周辺は川幅が狭いため、大水の際には水が逆流し汚濁水があふれるという被害が繰り返されていたのである。

このため霞ヶ浦沿岸の村々による自治的な漁業組織「四十八津《しじゅうはっつ》」では、幕府に対して洲浚いをたびたび願い出ている。安永《あんえい》六年（一七七七）には大規模な川浚いが行われ、寛政《かんせい》三年（一七九一）には与助川の川幅を広げ、鯰川《なまずがわ》の新たな堀割普請《ほりわりぶしん》が実施された。文政《ぶんせい》三年（一八二〇）にも牛堀の堀浚いが行われ、同時に網代や簀立ては水行の妨げになるとして規制が強化されている。

しかし根本的な解決には至らず、天保《てんぽう》二年（一八三一）幕府の手によって大規模な水行直し普請が行われた。同年四月に開始された普請には述べ四万五千人の人足が動員され六月に完了。牛堀村の前川《まえかわ》を中心に洲浚いが重点的に行われ、幕府の支出は二千九十一両に上ったという。普請終了後は霞ヶ浦落口百七村に葭《よし》や蒲の刈り払いが義務づけられ、打網《うちあみ》、引網《ひきあみ》以外の定置漁具や漁網の使用が禁止されている。

しかし農業よりも漁業の比重が高い村もあり、漁業による収入がなければ農業を維持することができない者も多く、取締りの目を盗んで行われる定置漁具の違法設置はあとを絶たなかった。このため水行の悪化は以後もたびたび問題となり、四十八津からは幕末に至るまで繰り返し改善の請願が幕府に提出されていたのである。

Q61 維新の原動力？ 後期水戸学の熱風とその限界とは？

水戸学《みとがく》とは、江戸時代に水戸藩で興った学風・学説を指し、水戸藩の第二代藩主・徳川光圀《みつくに》の命によって、明暦《めいれき》三年（一六五七）に開始された『大日本史《だいにほんし》』の編纂《へんさん》過程で学者たちの間に芽生えた学風を「前期水戸学」と呼んでいる。

これに対し、第九代藩主・徳川斉昭《なりあき》が藩政改革を断行した天保《てんぽう》年間（一八三〇～四四）に新たに形成され、その独自性によって藩外からも注目された学風を「後期水戸学」と呼ぶ。当時は「天保学」「水府《すいふ》学」「一国《いっこく》流」などと呼ばれており、水戸学という呼称が一般的になったのは明治以降のこと。また狭義には後期水戸学のみを指して水戸学と呼ぶ場合もある。

後期水戸学は儒学思想を中心に国学、史学、神道を根幹とし、幕藩体制の疲弊と西洋諸国の進出という事態を肌で感じた学者たちが、国家の危機を克服するという目的のもとに形成していった点に特長がある。その先鞭をつけたのが儒学者の藤田幽谷《ふじたゆうこく》（一七七四〜一八二六）であった。幽谷は水戸城下の商家に生まれたが、天明《てんめい》八年（一七八八）に『大日本史』の編纂局である「彰考館《しょうこうかん》」に入り、のちに同館の総裁も務めている。十八歳のときに執筆した『正名論《せいめいろん》』（一七九一）において尊王《そんのう》思想に理論的根拠を与え、後期水戸学の方向性を決定づけた。

水戸藩の下級武士の家に生まれた会沢正志斎《あいざわせいしさい》（一七八二〜一八六三）は寛政《かんせい》三年（一七九一）に幽谷に入門。同十一年、十八歳で彰考館員となり、師と同様『大日本史』の編纂に従事した。文政《ぶんせい》七年（一八二四）水戸領内の大津浜《おおつ》（北茨城市大津町）に十二人のイギリス人捕鯨船員が上陸する事件が起こると、筆談役として取り調べに参加している。この事件を機に危機感を強め、翌文政八年に幕末尊王攘夷《じょうい》運動の聖典といわれた『新論《しんろん》』を著し第八代藩主斉脩《なりのぶ》に献上した。

『新論』は国体・形勢・虜情《りょじょう》・守禦《しゅぎょ》・長計《ちょうけい》の五篇から成り、世界情勢や欧米列強諸国による進出の状況を詳細に解説。外国勢力に対抗するための政治改革や軍備の増強、長期的な国家戦略などが具体的に記されている。さらに会沢は、国家を強化するためには君民ともに心を一つにし、日本の建国の原点に戻って挙国一致体制で臨む必要があると主張。民心糾合《きゅうごう》の手段として尊王攘夷思想の重要性を説いたのである。

藤田幽谷の二男・東湖《とうこ》（一八〇六～五五）は父の跡を継いで二十二歳で彰考館員となり、『常陸帯《ひたちおび》』や『回天詩史《かいてんしし》』などの著作を通じ、国難に直面している今こそ忠君愛国の道義的精神を発揮すべきであるという道徳論を展開した。藩主斉昭が藩政改革の一環として計画した藩校弘道館《こうどうかん》の建設では中心的な役割を担い、建学の精神を示す『弘道館記』を起草。その解説書である『弘道館記述義《じゅつぎ》』も東湖によって書き上げられている。

藤田幽谷によって原型がつくられた後期水戸学は会沢正志斎や藤田東湖によって完成され、『新論』や『弘道館記述義』は諸藩の藩校で教科書に採用されるなど、全国の尊攘《そんじょう》派志士に絶大な影響を与えたのである。その意味で後期水戸学は明治維新の原動力になったといえるだろう。

水戸学の声価が高まるにつれ、尊攘志士たちは続々と水戸を訪れるようになる。尊王思想家として名高い吉田松陰《よしだしょういん》は嘉永《かえい》四年（一八五一）十二月から翌年正月にかけて約一か月水戸に滞在し、計六回会沢を訪問して教えを乞うた。元治《げんじ》元年（一八六四）に「蛤御門《はまぐりごもん》の変」で幕府軍に敗れ自刃した真木和泉《まきいずみ》は天保十五年（一八四四）に会沢のもとを訪れ、一週間にわたりその思想に触れている。真木同様「蛤御門の変」に斃《たお》れた松陰の門下生・久坂玄瑞《くさかげんずい》や、江戸で東湖と交流した横井小楠《よこいしょうなん》、橋本左内《はしもとさない》、佐久間《さくま》象山《しょうざん》、西郷隆盛《さいごうたかもり》といった維新の立役者たちも水戸学に強い影響を受けた。

しかし尊王攘夷運動が最盛期を迎えた文久《ぶんきゅう》年間（一八六一～六四）の頃には、水戸学と時代との間にずれが生じるようになる。水戸学の基本は尊王攘夷にあるが、同時に幕藩体制の維持も重要な要素となっていた。一方で薩摩《さつま》藩をはじめとする西南の雄藩は、尊王を唱えると同時に討幕も視野に入れつつあった。他藩の活動家が新たな政治体制を模索し始めるなかで、水戸藩は最後まで幕藩体制の維持を最大の課題として行動したのである。この点が後期水戸学の限界だったともいえるだろう。

藤田東湖は安政《あんせい》二年（一八五五）十月二日に起こった大地震で圧死し、尊王攘夷の象徴的存在であった水戸藩前藩主・徳川斉昭も万延《まんえん》元年（一八六〇）に死去する。彼ら思想的指導者を失ったことも水戸学の衰退を招いた一因であろう。

Q62 江戸を席巻した寄席芸人・都々一坊扇歌が流行らせた都々逸は茨城生まれの芸？

常陸太田市《ひたちおおたし》磯部町《いそべ》にある渋江《しぶえ》橋のほとりに「磯部たんぼのばらばら松は　風も吹かぬに　気がもめる」と刻まれた歌碑と石碑が建っている。昭和三十二年（一九五七）五月五日、都々逸《どどいつ》の創始者である同町出身の都々一《どどいっ》（逸）坊扇歌《ぼうせんか》の生誕百五十五年を記念して建てられたもので、歌は扇歌十二歳当時の作品である。

都々一坊扇歌は文化《ぶんか》元年（一八〇四）、水戸《みと》藩領内の久慈《くじ》郡佐竹《さたけ》村磯部（常陸太田市磯部町）に医師・岡玄策《おかげんさく》の二男として生まれた。幼名は子之松《ねのまつ》、のちに他家の養子となって福次郎《ふくじろう》を名乗るが、十六歳で実家に戻っている。医師になることを嫌い、幼い頃から芸事に異常なまでの関心を示して太田の繁華街に出入りしていた彼は、三味線の腕や自ら創作した唄を頼りに芸人として生きることを決意。十九のときに故郷を出て放浪の旅に出る。

福次郎の旅の目的は、誰もが手軽に楽しめる唄をつくり出すことであった。路銀は乏しく門付《かどづ》けをしながらの苦しい旅であったが、東北の奥地にまで足を伸ばしたという。数年間に及んだ旅のなかで福次郎は尾張国《おわり》（愛知県）熱田《あつた》の遊里・神戸《ごうど》（名古屋市熱田区神戸町）で歌われていた「神戸節《ぶし》」と出会い、この節に七・七・七・五の四句からなる「よしこの節」を乗せて「都々逸（一）節」をつくり出したのである。

天保《てんぽう》二年（一八三一）江戸へ出た福次郎は初代船遊亭扇橋《せんゆうていせんきょう》の門下となり、僧形となって都々一坊扇歌を名乗り独立。人情の機微を歌った都々逸や三味線の曲弾き、客が出したお題に機知に富んだ答えを返す謎解き唄などで絶大な人気を集め、彼がつくり出した都々逸は江戸や上方《かみがた》で大流行をみせた。しかし天保十二年にいわゆる「天保の改革」が始まると寄席《よせ》や音曲《おんぎょく》は大きな制約を受け、次第に活躍の場は減少。即席の謎解き唄に痛烈な政治批判をからめる反骨精神に富んだ芸風も仇となり、扇歌は嘉永《かえい》三年（一八五〇）四十六歳のとき江戸お構《かま》い（追放）の刑を受ける。

都々逸で一世を風靡した扇歌だったが、その後姉の嫁ぎ先である常陸府中《ふちゅう》（石岡《いしおか》市）の旅籠屋《はたごや》酒井長五郎《さかいちょうごろう》方に身を寄せ、嘉永五年十月にこの地で没している。

Q63 独自の暗号を使わざるを得なかった水戸藩の内紛事情とは？

弘化元年《こうか》（一八四四）五月、江戸に呼び出された水戸《みと》藩第九代藩主・徳川斉昭《なりあき》は、幕府から突然隠居を命ぜられたうえ謹慎処分を受けた。幕府の了解を得ずに藩の軍備改革を行ったことや、極端な廃仏政策を取ったことが処分の原因であった。代わって藩主となったのは、まだ十三歳だった長男の慶篤《よしあつ》である。若年であったことから慶篤には分家である三連枝《れんし》（守山《もりやま》藩・高松《たかまつ》藩・常陸府中《ひたちふちゅう》藩）が後見につけられた。

水戸藩内の斉昭を支持する改革派はこの事件を「甲辰《こうしん》の国難」と呼び、幕府に対する反感を強めていく。一方で改革派の性急な行動に反発していた結城寅寿《ゆうきとらじゅ》ら藩内保守派（門閥派）は若い慶篤を背後から操り、改革派に代わって藩政を掌握する。

斉昭は謹慎処分を受けてから約半年の間、江戸の水戸藩駒込《こまごめ》別邸（東京都文京区本《ぶんきょうほん》駒込）に幽閉されていた。この間斉昭は藩内改革派のメンバーらと書簡によって連絡を取っていたが、その際手紙の内容が漏れることを恐れ「神発仮名《しんぱつかな》」と呼ばれる文字を使用している。これは斉昭発案による換字表に従い一定のルールで文字を置き換える、いわば暗号であった。側近の藤田東湖《ふじたとうこ》らも神発仮名を使用していることから、改革派の内部ではある程度浸透していたものと考えられる。このような暗号を使わなければならないほど、水戸藩の内紛は深刻なものとなっていた。駒込の屋敷内には保守派が送り込んだ密偵が女中として紛れ込み、斉昭は身の危険すら感じていたという。

斉昭は嘉永《かえい》二年（一八四九）再び藩政に関与することを許され、慶篤を差し置いて藩政に対する発言力を強めていった。同六年にはペリー来航を受けて海防《かいぼう》問題に関する幕政参与《ばくせいさんよ》を命じられ、藩内の実権も完全に奪還する。しかし保守派との対立はいっそう深まり、安政《あんせい》三年（一八五六）には結城寅寿の意を受けた藩医・十河祐元《そごうゆうげん》による斉昭の暗殺未遂事件も起こっている。万延《まんえん》元年（一八六〇）の斉昭死後も両派の対立は解消されず、天狗党《てんぐとう》の乱（一八六四）などで藩内が混乱する間に明治維新を迎えた。

幕末の国政に早くから関与し影響力を行使していながら、水戸藩は内紛によってその活躍の場を自ら狭め、維新に積極的に参加する機会を逸してしまったのである。

Q64 あんこうだけじゃない！茨城県のイワシ漁の歴史とは？

茨城県の名物といえば、冬の味覚として珍重されるあんこう鍋がすぐに思い浮かぶ。しかし広い海岸線を持つ茨城県は多くの良港と漁場に恵まれ、あんこう以外にも多彩な海産物が水揚げされることで知られている。なかでも古くから県内各地で盛んに行われてきたのがイワシ漁。茨城県沖は世界的にも有数の漁場であり、県の漁業生産量のなかにマイワシとカタクチイワシが占める割合は五割近くにのぼる。

茨城県域でイワシ漁が始まったのは、江戸時代初期のこととされている。当時鹿島《かしま》灘《なだ》や九十九里《くじゅうくり》浜には関西からの出稼ぎ漁民が集団で訪れ、秋口から翌年春までイワシ漁を行った。当時の漁法は網船《あみぶね》一艘で網を張り、海岸で引き網を引いて漁を行う「片《かた》手廻《てまわ》し」漁法であった。その後二十人ほどが二艘の網船を使って網を張る「両《りょう》手《て》廻し」漁法に変わり、江戸後期になると五十人近い人数で行う地引《じび》き網漁法が主流となる。当初イワシ漁は県南端の東下《とうしも》村（神栖《かみす》市）から大洗《おおあらい》（大洗町）近辺で行われていたが、次第に県北の河原子《かわらご》浜（日立《ひたち》市河原子町）や大津《おおつ》浜（北茨城市大津町）、平潟《ひらがた》浜（同平潟町）でも地引き網によるイワシ漁が行われるようになった。一方地引き網に適さない岩礁地帯では「網繰網《あぐりあみ》」と呼ばれる漁法が発達する。

　こうして江戸期を通じ盛んに行われたイワシ漁だが、明治に入ると一時低迷。明治三十年代に千葉県で考案された「改良揚繰《あぐり》網」の登場で息を吹き返した。

歌川広重『六十余州名所図会　上総　矢さしか浦通名九十九里』（国立国会図書館蔵）。九十九里浜が画題だが、鹿島灘で同様に行われた江戸期の地引き網漁の様子が描かれる

　大量に水揚げされるイワシは食用のほか肥料として重宝され、利根川の水運を使い大正時代まで近県や東京へ出荷されていた。現在のイワシ漁は船団を組み大規模に行われる場合が多く、その生産量は常に全国一、二を争っている。

Q65 折本良平が発明した少人数で魚を獲る霞ヶ浦の網漁法とは?

享保年間《きょうほう》(一七一六〜三六)、霞ヶ浦《かすみがうら》に「大徳網《だいとくあみ》」と称する漁法が登場する。この漁法は当初地引《じび》きによるものが主流であったが、次第に沖引《おき》きへと移行。長く重い網を引く網引き船のほか複数の船が協力して行うため、総勢二十〜五十名ほどの人手を必要とした。夏にはシラウオやワカサギ、冬はコイやフナを大量に収穫したが、利益の大半は網主が独占し、貧しい漁民の生活が改善されることはなかった。また濫獲による不漁を引き起こすなど、多くの問題をはらんでいたのである。

これに対し、少人数で大きな収穫を得ることができる「帆《ほ》引き漁法」を発明し普及させたのが、新治郡《にいはり》佐賀村《さが》(かすみがうら市)に生まれた折本良平《おりもとりょうへい》(一八三五〜一九一二)である。幼い頃から非効率的で利益の少ない漁業を見て育った折本は、帆で走る高瀬舟《たかせぶね》をヒントに風力を動力源として網を引き回す漁法を発想した。模型をつくり網にかかる水圧と帆が受ける風のバランスなどを検証し、改良を重ねて明治十三年（一八八〇）頃に帆引き漁法の開発に成功する。

帆引き漁法の場合操船《そうせん》は一～三人で済み、水揚げはそのまま収入となるため漁師たちに歓迎され、大徳網による漁は次第に廃れていった。折本はこの漁法を独占することなく、そのノウハウを惜しみなく他の漁師に伝え、たちまち普及させたのである。

折本が開発した帆引き漁法は風力で網を引くことに主眼が置かれており、水面を引くか水底を引くかという点は考慮されておらず、獲物は主に湖水の上層に棲むシラウオであった。そこで同じ佐賀村出身の柳沢徳太郎《やなぎさわとくたろう》は浮子《あば》の数などを調節し、網の浮き沈みを操作できるよう改良を加え、湖底に棲むワカサギ漁に有利な漁法を開発する。

帆引き漁は霞ヶ浦の風物として全国的に知られるようになり、風がないと漁ができないという欠点も昭和二十五年（一九五〇）に帆引き船を動力化することで解消。最盛期には霞ヶ浦・北浦《きたうら》あわせて九百隻の漁船が稼働していた。

昭和四十年代に入ると動力船によるトロール漁法が主流となり、帆引き漁もその長い歴史を閉じた。現在は霞ヶ浦で観光用の帆引き漁を見ることができる。

Q66 民俗学の発祥地？ 利根町と柳田国男の関係は？

日本民俗学の創始者・柳田国男《やなぎたくにお》（一八七五〜一九六二）は兵庫県神東郡田原村（神崎郡福崎町）で、儒学者松岡賢次（操）の六男として生まれた。明治二十年（一八八七）高等小学校を修了した十三歳の国男は、茨城県北相馬郡布川町（利根町布川）を訪れる。布川の医師・小川東作の元で代診を行っていた長兄の鼎が、小川邸の離れを借りて医院を開業することになり、国男はここに身を寄せたのである。

身体の弱かった国男に対し、兄の鼎は学校へは行かせず自由に山野を駆け回る生活を送らせた。国男は野外で活発に遊び回ると同時に、帰宅すると小川家の土蔵にこもりさまざまな書物を濫読するという、自由気ままな生活を満喫する。

あるとき国男は同町の利根川河畔にある徳満寺の地蔵堂で、奉納された極彩色の絵馬を目にした。絵馬の図柄は貧しさから生んだばかりの嬰児を殺す間引きの図で、国男は子供心にその意味を理解したという。後年、このときの経験が自分を民俗学の研究に導き、農商務省に入省したのも飢饉《ききん》の撲滅が動機であったと述べている。

また十四歳の春には小川家の屋敷内にあった祠《ほこら》の扉をいたずら心から開き、御神体として納められていた蠟石《ろうせき》の珠《たま》を手に取ったところ、昼間でありながら晴天の空に星を見るという神秘体験をしたという。柳田民俗学の原点ともいえる『遠野物語《とおのものがたり》』（一九一〇）で頻繁《ひんぱん》に取り上げられている異常心理や神秘的な伝説に対する執拗《しつよう》なまでの関心は、このときの体験と無関係ではないだろう。

また小川家の土蔵で読んだ書物のなかで国男がもっとも興味を覚えたのが、布川の医師・赤松宗旦《あかまつそうたん》による『利根川図志《ずし》』（一八五八）であった。利根川流域の歴史や伝説を図版入りで著したこの書は、民俗誌の古典ともいえるものである。

国男が布川で過ごしたのは明治二十三年に上京するまでの二年あまりであったが、ここでの体験が柳田民俗学に与えた影響は計りしれない。

旧小川邸の母屋や国男が濫読に励んだ土蔵は、現在町立の「柳田國男記念公苑」として整備され、著書や関係文書の展示が行われている。

Q67 国会議事堂や東京駅に使用された良質の花崗岩は茨城産？

笠間《かさま》市稲田《いなだ》の稲田沢を中心に産出される花崗岩《かこうがん》は「稲田みかげ（稲田白《しろ》御《み》影《かげ》石《いし》）」と呼ばれ、その最大の特長である際だった白さ、硬度、加工した際の美しさや耐久性から高級石材として知られている。

この地の花崗岩が建築の用材として利用されるようになったのは明治以降のこと。明治二十年（一八八七）に日本鉄道が水戸――小山（栃木県小山市）間で鉄道敷設工事を開始し、稲田から石材が供給されたのが最初である。

その後本格的に稲田みかげの開発に乗り出したのが、東京市神田《かんだ》区（東京都千代田《ちよだ》区）で石材問屋を経営する鍋島彦七郎《なべしまひこしちろう》であった。明治二十九年、稲田を訪れた鍋島はその資源の豊富さと品質に驚愕する。大消費地である東京まで約一〇〇キロという好立地も魅力であった。鍋島はさっそく石材搬出のためのトロッコを採石場から鉄道線路の近くまで約二キロにわたって設置。地元と協力して福原駅と笠間駅（ともに笠間市）の間に新駅の用地を買収し、日本鉄道にこれを寄附した。翌明治三十年六月に稲田駅が誕生し、東京へ向けて出荷が開始されている。当時東京で使われる御影石は中国地方から船便で運ばれていたが、稲田みかげは輸送費が低く抑えられるため安価で品質も良く、たちまち人気を得た。明治三十九年に東京の鉄道馬車が市内電車に切り替わる際には大量の軌道用敷石が稲田に発注され、石材産地としての評価を確立している。

以後、稲田みかげは多くの有名な建築物で組石・積石・外壁・内壁などに使用されてきた。明治四十一年に基礎工事が始まった東京の中央停車場（東京駅）もその一つである。同駅の基礎には約一五〇〇トンの稲田産花崗岩が使用され、窓枠や柱の装飾など重要部分にも多くの石材が提供されている。昭和十三年（一九三八）に竣工し、戦後GHQ総司令部として接収された皇居堀端の第一生命館も、外装は稲田みかげによって飾られていた。このほかにも国会議事堂（昭和十一年竣工）や最高裁判所（同四十九年竣工）など、近現代の日本を代表する多くの建物に茨城県産の稲田みかげが使われてきたのである。

Q68 鉄道開通がもたらした常磐地区の炭鉱発展!

茨城県北東部から福島県に広がる常磐炭田《じょうばんたんでん》。茨城県域での開発は嘉永《かえい》四年(一八五一)、上小津田村《かみこつだ》(北茨城市華川町《きたいばらきはなかわ》)の神永喜八《かみながきはち》によりはじめられた。しかし当時石炭の運搬には海路しかなく、神永も磯原《いそはら》(同磯原町)から船で江戸へ出荷している。

明治十年(一八七七)の西南《せいなん》戦争勃発で九州からの石炭輸送が困難となり、常磐地区の炭田に注目が集まった。多くの事業者が採炭に乗りだし、明治十六年には浅野《あさの》財閥の浅野総一郎《そういちろう》が磐城炭礦《いわきたんこう》を福島県に設立している。同社は小野田《おのだ》炭礦から小名浜《おなはま》港(ともに福島県いわき市)まで石炭輸送専用の軽便《けいべん》鉄道を敷設したが、最終的には海路に頼らざるを得ず、輸送コストは経営に重くのしかかっていた。このため炭鉱経営者の間から、鉄道による京浜地区への直接輸送を望む声が高まったのである。

明治二十二年、水戸《みと》鉄道が小山《おやま》(栃木県小山市)——水戸間を開業。同二十五年に

は日本鉄道に買収され同社の支線となった。続いて明治二十八年（一八九五）、日本鉄道により友部《ともべ》（笠間市）――土浦《つちうら》間が開通。翌二十九年十二月には東京の田端《たばた》（東京都北区）と土浦間が開通、水戸から東京への鉄道路線が確保された。同三十一年は水戸――岩沼《いわぬま》（宮城県岩沼市）間が開通、炭田地域の高萩《たかはぎ》駅（高萩市）や磯原駅は石炭輸送の拠点として賑わった。路線は明治三十九年に国有化され常磐線となり、常磐炭田の発展に大いに寄与したのである。最盛期には常磐炭田全体で百三十もの炭鉱が稼働、好不況に翻弄されつつも発展を続けた。戦後石油にその地位を追われ衰退したが、終戦直後は復興用に増産政策が採られ、常磐炭田も国家再建に貢献したのである。

県内の炭鉱跡（北茨城市中郷町）。下部に専用鉄道が乗り入るポケットと通称された石炭積込施設跡で、専用鉄道は常磐線の各駅に結ばれていた

Q69 愛知県出身の神谷伝兵衛が牛久で葡萄酒づくりをはじめたのはなぜ？

実業家・神谷伝兵衛《かみやでんべえ》（一八五六〜一九二二）は三河《みかわ》国幡豆《はず》郡松木島《まつきしま》村（愛知県西尾《にしお》市）に生まれた。明治・大正の実業界で活躍し鉄道や銀行、石油精製会社など多くの事業を成功に導いた神谷だが、一般には茨城県牛久《うしく》市のワイン醸造所「シャトーカミヤ」や東京・浅草《あさくさ》（東京都台東区）の「神谷バー」創設者として知られている。

明治六年（一八七三）十七歳で横浜の外国人居留地に赴き、フランス人の経営する混成酒醸造《じょうぞう》業・フレッツレ商会で洋酒の製造法を修得した神谷は、葡萄《ぶどう》酒の滋養効果に着目し洋酒の国内醸造を夢見るようになった。その後明治十三年に東京・浅草区の吾《あ》妻橋《づまばし》に近い花川戸《はなかわど》町（東京都墨田《すみだ》区）に「みかはや銘酒店」（のちの神谷バー）を開店し独立。酒の一杯売りで成功を収め、この売り上げを元手に葡萄酒を輸入して日本人の口に合うよう再製・発売してたちまち大評判となる。「蜂印香竄《はちじるしこうざん》葡萄酒」と名づけられたこの商品は全国に出回り、葡萄酒の代名詞となっていった。

神谷は葡萄酒やアルコール卸売り事業の成功を元に本格的な葡萄酒醸造を計画し、明治二十七年養子の伝蔵《でんぞう》をフランスのボルドー地方に留学させワインづくりを学ばせると、その帰国を待って同三十年に東京で葡萄苗の試作を開始。翌年茨城県稲敷《いなしき》郡岡《おか》田《だ》村（牛久市）に土地を購入して苗を移植し「神谷葡萄園」を設立する。

醸造所の場所を選ぶに当たり、神谷は静岡県の三方ヶ原《みかたがはら》（浜松《はままつ》市）など複数の候補地を選び検討を重ねたが、いずれも葡萄栽培に不適格であった。最終的に牛久の地を選んだのは、葡萄栽培に適した土壌であったことに加え、明治二十九年に開業した日本鉄道会社土浦《つちうら》線（常磐《じょうばん》線）の牛久駅に近く、輸送その他の面で将来有望な土地と考えたためである。

明治三十四年には醸造場の建設を開始し、神谷葡萄園で栽培した葡萄による「牛久葡萄酒」の第一号（赤・白）が誕生。同三十六年には「牛久醸造場」（現シャトーカミヤ）が竣工し、生涯の目標であった葡萄栽培からワイン醸造までを一貫して行うシャトー形式によるワイン生産を実現したのである。

Q70 鹿島臨海工業地帯はなぜ、つくられたのか？

昭和三十四年（一九五九）、那珂郡瓜連町《なかぐんうりづらまち》（那珂市）の町長を務めていた岩上二郎《いわかみにろう》（一九一三〜八九）が茨城県知事に当選する。地方自治の専門家として知られていた岩上知事が在任中にもっとも注力したのが、鹿島臨海《かしまりんかい》工業地帯の建設である。

当時の鹿島灘《なだ》一帯にはこれといった産業もなく、砂丘地帯であるが故に農業生産性も低かった。交通も不便で「陸の孤島」と呼ばれ、所得、税収ともに低い後進地域とされていたのである。岩上はこの地域の貧困を解消すべく、当選直後に『鹿島開発構想試案』を作成し鹿島地域の開発に着手した。

翌昭和三十五年には県から『鹿島灘沿岸地域総合開発の構想』が出され、臨海工業地帯の中心となる港湾建設の可能性について調査を開始。県庁内に総合開発事務局が設置され、昭和三十六年『鹿島臨海工業地帯造成計画』が立案された。

当初の計画によれば、開発の対象となる地域は鹿島町（鹿嶋市《かしま》）、神栖町《かみす》（神栖市）、波崎町《はさきまち》（同）の約二万ヘクタールで、周辺部約二万ヘクタールを関連地域に指定。昭和三十八年度から四十二年度までを第一期とし、最終目標を昭和五十年度として開発を進め、巨大な人工掘込式港湾を整備し、大企業を誘致して三十万都市の建設を目指すという国家的なプロジェクトであった。

岩上知事は計画の立案に当たり、後進地域である鹿島を貧困から解放し、大企業の強い力を利用して「農工両全」を目指すことを開発の理念とした。一方国は鹿島に一大工業地帯を築くことで、東京湾地区の過密を解消する意図を持っていたのである。

昭和三十九年から地権者に対し土地の六割に当たる代替地を確保し四割を買収する「六・四方式」によって用地買収が進められ、巨大開発がスタートする。

昭和四十四年十月には鹿島港が完成し開港記念式典が行われ、翌年二月には五万トンのタンカーが初入港を果たした。以後鹿島港を中心に鉄鋼や石油関連企業、化学工業などの素材産業や発電所などが次々に進出し、現在では百五十社を超える企業が一大工業地帯を形成。茨城県最大の生産拠点へと成長を遂げている。

茨城県
古写真帖⑤

日立製作所兎平供給所前

日立鉱山(Q11)や日立製作所は、企業城下町として発展する日立市内各所に供給所(通称「供給」)を設け、戦前から従業員などに日用品を販売していた。スーパーマーケット展開以前の時代、福利厚生として市価より低い値段もあり、幅広い利用者を集めた。高度成長後、鉱山閉山などの事業縮小や大型小売店進出から店舗は減少し、平成18年(2006)に全店舗が閉鎖した。写真は店舗中最大で、豊富な品揃えから多くの市民が利用した兎平供給。昭和40年(1965)の撮影で、国道6号線兎平交差点から供給(現・ニトリ日立店)を望むもの(「通勤」。日立市郷土博物館蔵)。

もっと知りたい

茨城県の歴史資料篇

茨城県の歴史略年表

※改元年は新年号で表記。

年号	西暦	できごと
(旧石器)	前23000頃	上君田遺跡(高萩市)、山方遺跡(常陸大宮市)で生活痕が残される
(縄文)	前4000頃	大串貝塚(水戸市)周辺で狩猟生活が営まれる
(弥生)	前2400頃	十王台遺跡(日立市)周辺で十王台式土器が作られる
(古墳)	380～550頃	葦間山古墳(筑西市)が築かれる(Q1)
(古墳)	450頃	船塚山古墳(石岡市)が築かれる(Q2)
(古墳)	670頃	武者塚古墳(土浦市)が築かれる(Q57)
養老5	721	『常陸国風土記』が成立する(Q3、Q15)
天平13	741	この頃常陸国分寺・国分尼寺が建てられる(口絵)
神護景雲2	768	竹波命婦が筑波国造に任じられる(Q43)
(奈良)	770頃	茨城廃寺(石岡市)・台渡廃寺(水戸市)が建立される(Q17)
天慶2	939	平将門、常陸国府(石岡市)を焼き、略奪を行う(承平天慶の乱。Q29)
天承元	1131	那珂郡武田郡(ひたちなか市)の源義清・清光が甲斐に配流となる(Q4)
保延2	1136	この頃源義業が久慈郡佐竹郷(常陸太田市)を領有する(Q4)
治承4	1180	佐竹秀義ら、源頼朝に金砂城(常陸太田市)を攻め落とされる(Q30)
建保2	1214	この頃親鸞が笠間郷稲田(笠間市)に来る(Q20)
嘉元3	1305	月山周枢、佐竹義貞の子として生まれる(Q24)
延元3・暦応元	1338	北畠親房、小田城(つくば市)に入る(Q5)
建徳元・応安3	1370	大宝寺別当坊賢了院(下妻市)、火災にあう(Q22)
永享12	1440	結城城(結城市)に足利持氏遺児が入城し、結城合戦が起こる(Q6)
康正元	1455	永享の乱で鎌倉公方足利成氏が鎌倉から古河(古河市)に移る(Q7)
延徳元	1489	塚原卜伝、鹿島神宮祝部の卜部覚賢の子として生まれる(Q44)
永禄12	1569	小田氏治、手這坂の合戦で佐竹義重勢に敗れ小田城を失う(Q31)
天正18	1590	佐竹義宣、水戸城(水戸市)の江戸氏や府中城(石岡市)の大掾氏らを滅ぼし、豊臣秀吉に安堵された領土を完全に掌握する
慶長7	1602	佐竹義宣、関ヶ原合戦東軍不参加のため、減封され秋田に移される
慶長8	1603	佐竹移封後の水戸城に入った武田信吉が死去し、徳川頼宣が領有する
慶長14	1609	徳川頼房、水戸藩主となる
元和5	1619	現在の鹿島神宮本殿などが将軍徳川秀忠寄進で建てられる(口絵)
寛永3	1626	弘経寺(常総市)、徳川秀忠娘千姫の菩提寺と定められる(Q26)
寛永7	1630	伊奈忠治、小貝川に岡堰(取手市)を設ける(Q9)
元禄7	1694	徳川光圀、水戸藩江戸上屋敷で藤井紋太夫を手討にする(Q33)
元禄11	1698	徳川光圀、江戸の彰考館から分離し、水戸彰考館を設ける(Q10)
宝永3	1706	松波勘十郎が水戸藩に登用され、宝永の改革がはじまる(Q45)
明和4	1767	大窪詩仏、久慈郡(大子町)に生まれる(Q46)
明和8	1771	静神社(那珂市)祭礼を機に鋳銭一揆が起こる(Q35)

安永8	1779	長久保赤水、『改正日本輿地路程全図』を刊行する
享和3	1803	立原翠軒が彰考館で失脚し、館内の学派分裂が顕著となる(史館動揺。水戸党派対立のはじまり)
文化5	1808	筑波郡生まれの間宮林蔵、樺太が島であることを発見する
文政8	1825	前年の異人上陸事件を受け、会沢正志斎が『新論』を著す(Q37)
天保2	1831	霞ヶ浦周辺一帯で大規模な水行直しが行われる(Q60)
天保3	1832	古河(古河市)藩主土井利位、『雪華図説』を著す(Q48)
弘化元	1844	徳川斉昭、幕府に隠居謹慎を命ぜられる(Q28・Q49)
安政5	1858	政界に復帰していた徳川斉昭、日米通商修好条約締結への抗議の咎で、謹慎を命ぜられる(Q49)。水戸藩に戊午の密勅が下る
万延元	1860	水戸・薩摩浪士が桜田門外の変で井伊直弼を暗殺する
元治元	1864	水戸尊攘派の一派、筑波山で挙兵する(天狗党の乱。Q39)
慶応3	1867	徳川昭武、将軍徳川慶喜の名代としてパリ万博に派遣される(Q52)。慶喜、大政奉還し、江戸幕府が終わる
明治元	1868	王政復古を受け天狗党が復権、反天狗党の諸生党と武力衝突する(弘道館戦争)
明治13	1880	折本良平が、霞ヶ浦の帆引き漁法を開発する(Q65)
明治20	1887	柳田国男、北相馬郡布川町(利根町)に移り住む(Q66)
明治29	1896	田端・土浦間が開通し、水戸から東京への最短鉄道路線が繋がる(Q68)
明治30	1897	笠間の稲田みかげの東京出荷がはじまる(Q68)
明治31	1898	稲敷郡岡田村(牛久市)に神谷葡萄園が設立される(Q69)
明治39	1906	岡倉天心、横山大観らをともない日本美術院を五浦(北茨城市)に移転する(Q54・Q55)
明治44	1911	日立鉱山工作課から独立し、日立製作所(Q11)が設立される
大正4	1915	日立鉱山大煙突が運用され、煙害が減少する
大正9	1920	内田信也(Q56)の寄付などを用い、旧制水戸高等学校が設立される
大正10	1921	海軍の霞ヶ浦飛行場(阿見町)が開設される(Q12)
昭和6	1931	リンドバーグ夫妻、霞ヶ浦に来訪する(Q41)
昭和9	1934	水戸から大子町などを経て福島県郡山に繋がる水郡線が全線開通
昭和12	1937	内原町(水戸市)に満蒙開拓青少年内原訓練所が設けられる(Q13)
昭和20	1945	第二次世界大戦で水戸・日立・土浦などが空襲され、大被害が生じる
昭和39	1964	鹿島臨海工業地帯の開発がはじまる(Q70)
昭和48	1973	筑波研究学園都市開発を受けて、筑波大学が新設開校する(Q14)
昭和60	1985	国際科学技術博覧会(つくば'85)が開催される(Q14)。常磐自動車道が県北の日立市まで開通する
平成17	2005	東京秋葉原とつくばを結ぶつくばエクスプレスが開業する
平成23	2011	東日本大震災で県全域に甚大な被害が生じる
平成26	2014	震災被害で主要部閉館中だった弘道館、復旧し全面公開が再開される

常陸平氏略系図（大掾氏）

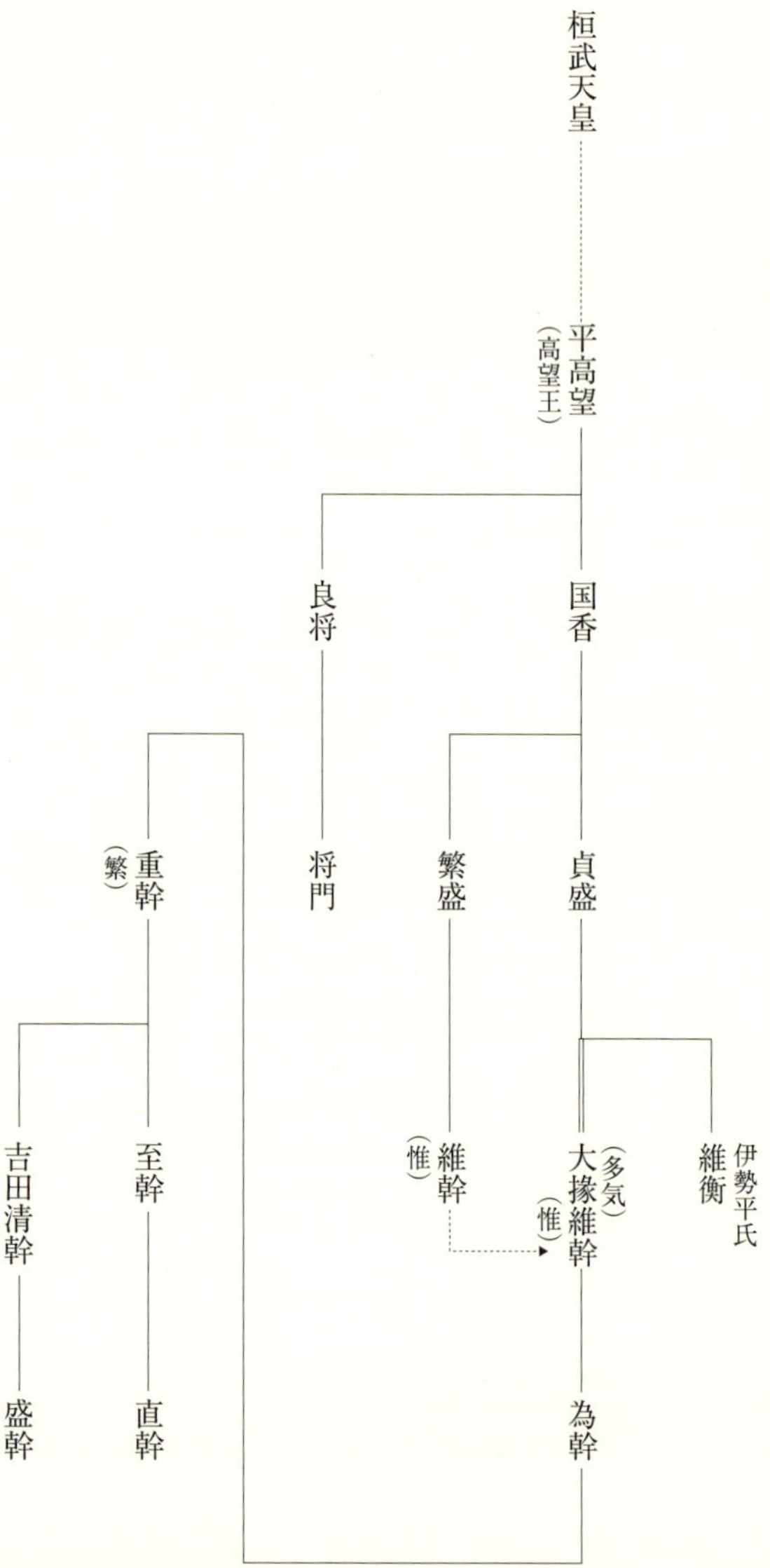

関係系図　※縦の‖は養子関係、：は世系の省略、横の＝は婚姻関係、……は実家からの養子先を、各々示す。

徳川斉昭関係略系図

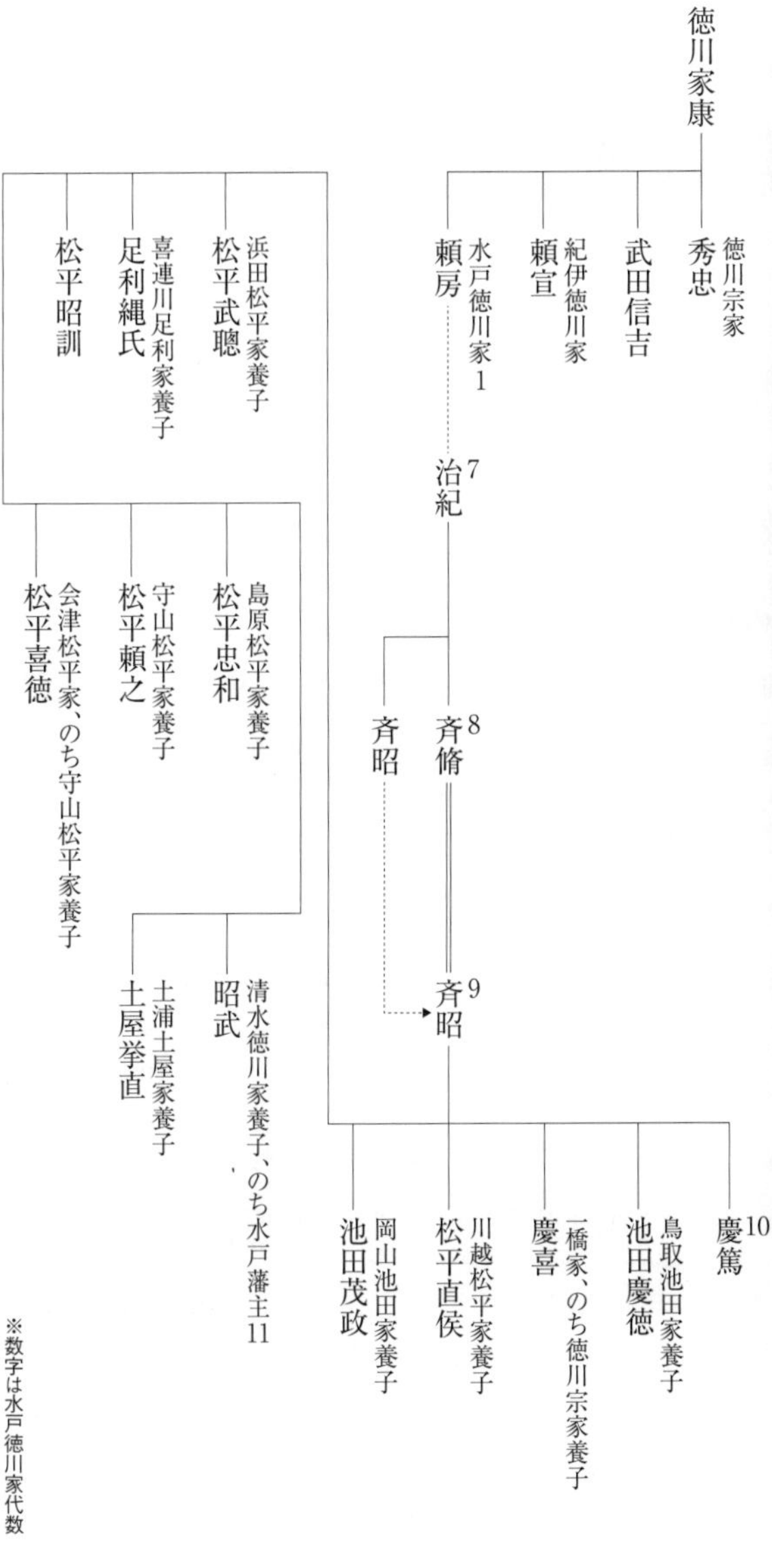
徳川家康
徳川宗家
秀忠
武田信吉
紀伊徳川家
頼宣
水戸徳川家
頼房 1
治紀 7
斉脩 8
斉昭
斉昭 9
慶篤 10
鳥取池田家養子
池田慶徳
一橋家、のち徳川宗家養子
慶喜
川越松平家養子
松平直侯
岡山池田家養子
池田茂政
浜田松平家養子
松平武聰
喜連川足利家養子
足利縄氏
松平昭訓
島原松平家養子
松平忠和
守山松平家養子
松平頼之
会津松平家、のち守山松平家養子
松平喜徳
清水徳川家養子、のち水戸藩主 11
昭武
土浦土屋家養子
土屋挙直

※数字は水戸徳川家代数

茨城県の文化財30選

※茨城県の国宝・国指定等文化財(2014年9月1日現在)から有形文化財の30件を抜粋

名称	所在	指定	備考
小山寺三重塔	桜川市富谷(小山寺)	重要文化財(建造物)	寛正6年(1465)建立。関東以北では希有な室町期の塔
佐竹寺本堂	常陸太田市天神林町(佐竹寺)	重要文化財(建造物)	天文15年(1546)建築の寺院建築。佐竹氏の祈願所として崇敬を集めた
来迎院多宝塔	龍ケ崎市馴馬町(来迎院)	重要文化財(建造物)	16世紀半ば以前に建立の多宝塔。当地方にまれな建築で室町期の特色もよく残る
竜禅寺三仏堂	取手市米ノ井(竜禅寺)	重要文化財(建造物)	戦国後期の仏堂。禅宗様と和様の混合し、三宝に裳階がつく類例のない平面形式
鹿島神宮 摂社奥宮本殿	鹿嶋市宮中(鹿島神宮)	重要文化財(建造物)	慶長10年(1605)に徳川家康寄進の旧本殿で、徳川秀忠寄進の現本殿造営にともない移転。境内で最古の社殿建築
山本家住宅	神栖市奥野谷(個人)	重要文化財(建造物)	18世紀前半の名主兼網元邸。漁家として貴重で、後年の改造も少ない
笠間稲荷神社本殿	笠間市笠間(笠間稲荷神社)	重要文化財(建造物)	文久元年(1861)建造。総ケヤキの繊細壮麗な権現造社殿
横利根閘門	稲敷市西代地先(国土交通省)	重要文化財(建造物)	大正10年(1921)完成の煉瓦造閘門。利根川改修工事の代表的土木遺産
絹本著色高峰和尚像	土浦市(法雲寺蔵、土浦市立博物館寄託)	重要文化財(絵画)	中国元代の頂相(禅僧の肖像画)。ザクロを割る寺僧が傍らに描かれ、「柘榴の御影」と呼ばれる
絹本著色法然上人像	那珂市瓜連(常福寺)	重要文化財(絵画)	鎌倉後期の作。徳川光圀寄進と伝わり、めずらしい曲彔に座す形式
紙本著色拾遺古徳伝	鉾田市鳥栖(無量寿寺)	重要文化財(絵画)	鎌倉後期の絵巻。法然の伝記全10巻のうち焼失を免れた部分を1巻にまとめたもの
絹本著色聖徳太子絵伝	坂東市みむら(妙安寺)	重要文化財(絵画)	室町初期の聖徳太子伝記絵。鎌倉期以降の太子信仰の隆盛を物語る貴重な資料
木造浮彫如意輪観音像	城里町上入野(小松寺)	重要文化財(彫刻)	平安初期に空海が刻んだと伝わる(中国唐代の作で日宋貿易の渡来品説が有力)。徳川光圀の修理銘が残る
木造薬師如来座像	常陸太田市下利員(西光寺)	重要文化財(彫刻)	平安前期の作。定朝様式の茨城県における代表的彫刻
鉄造阿弥陀如来立像	常陸太田市中染(中染区)	重要文化財(彫刻)	弘長4年(1264)造立の鋳造仏。大洗町西光院の木造阿弥陀如来像を原型としたと3D計測で判明
太刀 銘則包作	水戸市宮町(水戸東照宮)	重要文化財(工芸品)	鎌倉中期の作刀。徳川家康佩刀が徳川頼房に伝わり、東照宮に寄進されたもの

銅鐘	潮来市潮来 （長勝寺）	重要文化財 （工芸品）	元徳2年（1330）に北条高時と下総千葉氏の発起で寄進されたもの。「客船夜泊常陸蘇城」と銘文にあり、当時の潮来の姿がうかがえる歴史資料としても価値が高い
網代笈	桜川市西小塙 （月山寺）	重要文化財 （工芸品）	修験者や行脚僧らが背負うことで知られる三脚付箱形運搬用具。武蔵坊弁慶の名が残るが、室町期のものと推測される
銅印	那珂市静 （静神社）	重要文化財 （考古資料）	保存状態良好の平安期神社印。徳川光圀の命による寛文7年（1667）の改築造営の際、境内土中より発見されたもの
谷口家住宅店舗ほか	桜川市真壁町 （個人）	登録 有形文化財 （建造物）	江戸末期から明治末期にかけて建築の商家（店舗・住宅・蔵）。旧道に面し、筑波山を望む立地で真壁の代表的な風景の1つ
間宮家住宅主屋	常陸大宮市高部 （個人）	登録 有形文化財 （建造物）	和風棟と洋館の和洋折衷住宅。明治35年（1902）建築で、高部宿のランドマーク
茨城県立水戸商業高等学校旧本館玄関	水戸市新庄 （茨城県）	登録 有形文化財 （建造物）	明治37年（1904）完成の校舎玄関部。設計は旧土浦中学・旧太田中学校舎の駒杵勤治
旧共楽館 （日立武道館）	日立市白銀町 （日立市）	登録 有形文化財 （建造物）	大正6年（1917）に日立鉱山が建設の劇場。山間部鉱山街の繁栄を映す慰安施設
武道館 （旧水海道小学校雨天体操場兼講堂）	常総市栄町 （常総市）	登録 有形文化財 （建造物）	昭和7年（1932）建築の校舎。状態が良好で現在も公民館付属施設として利用される
水戸市水道低区配水塔	水戸市北見町 （水戸市）	登録 有形文化財 （建造物）	昭和7年（1932）建設のコンクリート製配水塔。およそ高さ21、直径11メートルの円筒形で、回廊や装飾が美しい。近代水道100選の1つ
梅津会館（常陸太田市郷土資料館本館・旧太田町役場）	常陸太田市西二町（常陸太田市）	登録 有形文化財 （建造物）	塔と大アーチの車寄を備えた本格的庁舎建築。同市出身の実業家・篤志家の梅津福治郎の寄付により昭和11年（1936）に建築
馬渡埴輪製作遺跡	ひたちなか市馬渡 （ひたちなか市）	史跡名勝 天然記念物 （史跡）	古墳時代の埴輪製作遺跡。工房とともに工人の住居跡がともに見つかっている
虎塚古墳	ひたちなか市中根 （ひたちなか市）	史跡名勝 天然記念物 （史跡）	古墳時代後期の前方後円墳。石室にベンガラの鮮やかな赤で壁画があり、東日本の装飾古墳としては唯一のものとして貴重
常陸国府跡	石岡市総社 （石岡市）	史跡名勝 天然記念物 （史跡）	7世紀末から11世紀にかけ機能していた古代国衙遺構。石岡小学校校庭地下に保存
常盤公園（偕楽園）	水戸市常葉町など （茨城県）	史跡名勝 天然記念物 （史跡）	徳川斉昭が天保13年（1842）造営の庭園。水戸の代表的な景観を複数有している

【主な参考文献】

永原慶二責任編集『日本の名著9 慈円・北畠親房』(中央公論社、一九七一年)／高橋武子『都々一坊扇歌の生涯』(叢葉書房、一九七九年)／佐藤次男編著『郷土史事典茨城県』(昌平社、一九八二年)／園部公一『親鸞と東国』(崙書房、一九八二年)／小林三郎『稲田御影石材史』(稲田石材商工業協同組合、一九八五年)／坂本清編著『折本良平と帆曳きを語る』(筑波書林、一九八六年)／鈴木光夫『神谷伝兵衛 牛久シャトーの創設者』(筑波書林、一九八六年)／桜本富雄『満蒙開拓青少年義勇軍』(青木書店、一九八七年)／加藤秀俊ほか編『人づくり風土記 全国の伝承江戸時代8』(農山漁村文化協会、一九八九年)／神栖町史編さん委員会編著『神栖町史 下』(神栖町、一九八九年)／金原左門ほか『茨城県の百年』(山川出版社、一九九二年)／所理喜夫ほか責任編集『図説 茨城県の歴史』(河出書房新社、一九九五年)／堀江信男『常世の国茨城 文学に描かれた風土』(筑波書林、一九九六年)／植垣節也校注・訳『風土記 新編日本古典文学全集5』(小学館、一九九七年)／長谷川伸三ほか『茨城県の歴史 県史8』(山川出版社、一九九七年)／鹿島町史編さん委員会編『鹿島町史 5』(鹿嶋市、一九九七年)／関東古瓦研究会編『聖武天皇と国分寺』(雄山閣出版、一九九八年)／角田文衛『平家後抄(上)』(講談社学術文庫、二〇〇〇年)／東実『鹿島神宮 改訂版』(学生社、二〇〇〇年)／吉田俊純『水戸学と明治維新』(吉川弘文館、二〇〇三年)／網野善彦『里の国の中世 常陸・北下総の歴史世界』(平凡社ライブラリー、二〇〇四年)／鹿島神宮社務所編『新鹿島神宮誌 改訂版』(鹿島神宮社務所、二〇〇四年)／茨城県地域史研究会編『茨城県の歴史散歩』(山川出版社、二〇〇六年)／上野洋三編『「日立の供給所」の歩み』(日立ライフ、二〇〇七年)／山本幸司『日本の歴史09 頼朝の天下草創』(講談社学術文庫、二〇〇九年)／名畑崇『シリーズ親鸞1 歴史のなかの親鸞』(筑摩書房、二〇一〇年)／長谷川伸三ほか『茨城県の歴史 県史8』(山川出版社、二〇一一年)／瀧音能之編著『風土記謎解き散歩』(中経出版、二〇一三年)／土浦市文化財愛護の会編『むかしの写真 土浦』(土浦市教育委員会、一九九〇年)／千葉県立中央博物館編『平成5年度特別展図録 香取の海 その歴史と文化』(千葉県立中央博物館、一九九三年)／玉川里子編『みとノスタルジア 絵葉書でたどるセピア色の思い出』(水戸市立博物館、二〇一三年)／日立市郷土博物館編『写真でたどる日立百年のあゆみ』(日立市郷土博物館、二〇一三年)／上高津貝塚ふるさと歴史の広場編『武者塚古墳とその時代』(上高津貝塚ふるさと歴史の広場、二〇一四年)／志田諄一「常陸風土記と土俗信仰」(地方史研究協議会編『茨城県の思想・文化の歴史的基盤』雄山閣出版、一九七八)／小野澤泰子ほか「日立市における商業構造の変容」(筑波大学人文地理学・地誌学研究会編『地域研究年報 34』筑波大学人文地理学・地誌学研究会、二〇一二年)／根崎光夫「近世後期、霞ヶ浦の湖水環境と「水行直し」」(法政大学人間環境学会編『人間環境論集13』法政大学人間環境学会、二〇一三年)／「戸沢氏松岡時代を偲ぶ」(『常陽藝文 二〇一三年九月号』常陽藝文センター)／「茨城イワシ百科」(『常陽藝文 二〇一三年一一月号』常陽藝文センター)／「柳田民俗学の原点 利根町布川と小川家の人々」(『常陽藝文 二〇一四年二月号』常陽藝文センター)

■監修者
小和田哲男（おわだ・てつお）
1944年、静岡市生まれ。早稲田大学大学院文学研究科博士課程修了。静岡大学名誉教授。日本中世史、とくに戦国時代を専門とする。主な著書に『黒田如水』『戦国史を歩んだ道』（以上ミネルヴァ書房）、『軍師・参謀』（中公新書）、『秀吉の天下統一戦争』（吉川弘文館）、『戦国三姉妹』（角川選書）、『武将に学ぶ第二の人生』（メディアファクトリー新書）、『名軍師ありて、名将あり』（NHK出版）、『黒田官兵衛 智謀の戦国軍師』（平凡社新書）、『戦国大名と読書』（柏書房）などがある。

■執筆者（50音順）
春日和夫／岸祐二／中丸満／吉田渉吾／渡邊大門

■編集協力
三猿舎

新歴史書

もっと知りたい茨城県の歴史

発行日	2015年1月24日　初版発行
監　修	小和田哲男©2015
発行者	江澤隆志
発行所	株式会社 洋泉社 東京都千代田区神田駿河台2-2 〒101-0062 電話 03(5259)0251 振替 00190-2-142410 ㈱洋泉社
印刷・製本	錦明印刷株式会社
組　版	天龍社
装　幀	ウエル・プランニング（神長文夫・松岡昌代）

落丁・乱丁のお取り替えは小社営業部宛
ご送付ください。送料は小社で負担します。
ISBN978-4-8003-0568-8
Printed in Japan
洋泉社ホームページ http://www.yosensha.co.jp